Sobre La Guerra Prolongada

Mao Zedong

Capítulo 1

PLANTEAMIENTO DEL PROBLEMA

1. Se acerca el 7 de julio, primer aniversario del estallido de la gran Guerra de Resistencia contra el Japón. Hace ya casi un año que toda la nación, uniendo sus fuerzas y perseverando en la Guerra de Resistencia y en el frente único, lucha heroicamente contra el enemigo. Esta guerra no tiene precedentes en la historia de Oriente y ocupará un lugar destacado también en la historia universal; los pueblos del mundo entero siguen con atención su desarrollo. Todos los chinos que sufren los desastres de la guerra y luchan por la existencia de la nación, anhelan diariamente la victoria. Pero ¿cuál será en realidad el curso de la guerra? ¿Podremos vencer? ¿Podremos vencer rápidamente? Muchos hablan de una guerra prolongada, pero ¿por qué una guerra prolongada? y ¿cómo hacerla? Muchos hablan de la victoria final, pero ¿por qué será nuestra la victoria final? y ¿cómo lograrla? No todos han encontrado respuesta a estas preguntas; más aún, la mayoría no la ha encontrado hasta ahora. Y así, los derrotistas partidarios de la teoría de la subyugación nacional se han presentado a decirle a la gente que China será subyugada y que la victoria final no le pertenecerá. Ciertos amigos impetuosos también han salido a decir que China puede triunfar muy pronto, sin necesidad de grandes esfuerzos. Pero ¿son correctas estas opiniones? Siempre hemos dicho que no. Sin embargo, la mayoría no ha comprendido aún lo que hemos venido

diciendo. Esto se debe, en parte, a que nuestro trabajo de propaganda y explicación ha sido insuficiente, y en parte, a que los acontecimientos objetivos, en su desarrollo, aún no han revelado por completo su naturaleza inherente ni manifestado claramente sus rasgos, de modo que la gente no puede discernir las tendencias y perspectivas del desarrollo de los acontecimientos en su conjunto ni, por lo tanto, determinar enteramente las orientaciones y los métodos de acción. Ahora las cosas van mejor; la experiencia de diez meses de Guerra de Resistencia ha sido más que suficiente para desbaratar la teoría absolutamente infundada de la subyugación nacional y, al mismo tiempo, para disuadir a nuestros amigos impetuosos de su teoría de la victoria rápida. En estas circunstancias, mucha gente pide una explicación a modo de balance. Y con mayor razón en lo referente a la guerra prolongada, ya que no sólo existen contra ella las teorías de la subyugación nacional y de la victoria rápida, sino que existe también una comprensión huera de la misma. "Desde el Incidente de Lukouchiao, los cuatrocientos millones de chinos vienen realizando esfuerzos mancomunados, y la victoria final será de China." Esta fórmula está muy en boga. Es correcta, pero es necesario darle un contenido. Si hemos podido perseverar en la Guerra de Resistencia contra el Japón y mantener el frente único, ello se ha debido a la concurrencia de numerosos factores: en el plano interior, todos los partidos y grupos políticos, desde el Partido Comunista hasta el Kuomintang; todo el pueblo, desde los obreros y los campesinos hasta la burguesía, y todas las fuerzas armadas, desde las tropas regulares hasta las unidades guerrilleras; en el plano internacional, el país socialista y todos los pueblos amantes de la justicia, y en el campo enemigo, aquellos que entre la población civil y entre los soldados del frente se oponen a la guerra. En una palabra, todos ellos han contribuido en distintos grados a nuestra Guerra de Resistencia. Toda persona de buena fe debe rendirles homenaje.

Junto con los demás partidos que están por la resistencia y el pueblo entero, los comunistas tenemos como único objetivo luchar por unir todas las fuerzas para vencer a los abominables invasores japoneses. El 1.ƒ de julio de este año se cumplirá el XVII aniversario de la fundación del Partido Comunista de China. A fin de que cada comunista aporte mejores y más grandes esfuerzos a la Guerra de Resistencia contra el Japón, es también preciso conceder una importancia particular al estudio de la guerra prolongada. Por esto, mis conferencias estarán dedicadas a ese estudio. Trataré de hablar sobre todos los problemas vinculados con la guerra prolongada, pero no me será posible entrar en todos los detalles en un solo ciclo de conferencias.

2.   Toda la experiencia de los diez meses de Guerra de Resistencia demuestra que son erróneas tanto la teoría de la inevitable subyugación de China como la de su victoria rápida. La primera engendra la tendencia al compromiso, y la segunda, la tendencia a la subestimación del enemigo. Los partidarios de estas teorías abordan el problema de una manera subjetiva y unilateral, es decir, no científica.

3.   Antes de que se iniciara la Guerra de Resistencia, existían muchas opiniones inspiradas en la teoría de la subyugación nacional. Se decía, por ejemplo: "China está peor armada que el enemigo, y condenada a la derrota en una guerra." "Si China resiste, se convertirá inevitablemente en otra Abisinia." Desde que empezó la guerra, ya no se expresan abiertamente opiniones de este orden; pero siguen manifestándose solapadamente, y en abundancia. Por ejemplo, de tiempo en tiempo surge una atmósfera de compromiso, y sus partidarios argumentan: "La continuación de la guerra significa la subyugación inevitable." Desde la provincia de Junán, un estudiante nos escribe:

"En el campo tropiezo a cada paso con dificultades. Al hacer propaganda sin ayuda de nadie, tengo que hablar con la gente donde y cuando la encuentro. Mis interlocutores no son en modo algunos ignorantes; todos tienen cierta comprensión de lo que está ocurriendo y se muestran muy interesados en lo que les digo. Pero cuando tropiezo con mis propios parientes, siempre me dicen: China no puede vencer; está condenada' ¡Qué asco! Y menos mal que no andan por ahí divulgando sus opiniones, pues eso sería desastroso. ¡Los campesinos, como es natural, les darían más crédito a ellos que a mí!"

Estos partidarios de la teoría de la inevitable subyugación de China forman la base social de la tendencia al compromiso. A elementos de esta especie se les encuentra en todos los rincones de China; por eso, el problema del compromiso puede aflorar en el seno del frente antijaponés en cualquier momento y quizá subsistirá hasta el final mismo de la guerra. Ahora que ha caído S̩chou y que Wuján está en peligro, creo que no será inútil dar un mentís a la teoría de la subyugación nacional.

4. Durante estos diez meses de Guerra de Resistencia, han aparecido también toda clase de opiniones caracterizadas por la precipitación. Por ejemplo, al comienzo de la guerra, mucha gente mostraba un optimismo sin fundamento; subestimaba al Japón e incluso creía que los japoneses no podrían llegar hasta la provincia de Shansí. Algunos menospreciaban el papel estratégico de la guerra de guerrillas en la Guerra de Resistencia contra el Japón y ponían en duda el siguiente planteamiento: "En el plano de conjunto, la guerra de movimientos es lo principal, y la de guerrillas, lo auxiliar; en el plano particular, la guerra de guerrillas es lo principal, y la de movimientos, lo auxiliar." Desaprobaban la línea estratégica del VIII Ejército, que es: "Tomar la guerra de guerrillas como lo fundamental,

pero no perder oportunidad alguna para realizar la guerra de movimientos cuando las condiciones sean favorables", y consideraban que éste era un punto de vista "mecanicista". Durante la campaña de Shanghai, algunos decían: "Basta resistir tres meses; la situación internacional tendrá que cambiar, la Unión Soviética habrá de enviar tropas y la guerra terminará." Depositaban sus esperanzas para el futuro de la Guerra de Resistencia principalmente en la ayuda extranjera. A raíz de la victoria de Taierchuang, algunos sostenían que la campaña de S˳chou debía ser una "batalla casi decisiva" y que había que cambiar la política establecida de guerra prolongada: Decían cosas tales como: "Esta campaña representa el último y desesperado Forcejeo del enemigo"; "Si ganamos, los militaristas japoneses quedarán desmoralizados y sólo podrán esperar su juicio final". La victoria de Pingsingkuan se les había subido a la cabeza a algunos, y la de Taierchuang hizo perder el juicio a un número aún mayor de personas. Y así se han suscitado dudas acerca de si el enemigo atacará Wuján. Muchos piensan que "probablemente no", y muchos otros, que "de ninguna manera". Tales dudas pueden afectar a todos los problemas importantes. Por ejemplo: ¿son ya suficientes nuestras fuerzas para resistir al Japón? La respuesta podría ser afirmativa; pues si se piensa que nuestras actuales fuerzas son ya suficientes para detener la ofensiva del enemigo, ¿para qué aumentarlas? O por ejemplo: ¿sigue siendo correcta la consigna de consolidar y ampliar el frente único nacional antijaponés? La respuesta podría ser negativa; pues si se cree que el frente único en su estado actual es lo bastante fuerte para rechazar al enemigo, ¿para qué consolidarlo y ampliarlo aún más? O bien: ¿deben intensificarse nuestras actividades diplomáticas y la propaganda para el extranjero? Aquí, de nuevo, la respuesta podría ser negativa O también: ¿es necesario proceder concienzudamente a reformar el sistema que rige en el ejército y el sistema político, desarrollar el movimiento de masas, poner en vigor la educación para la defensa nacional, reprimir a los colaboracionistas y a los trotskistas, desarrollar la industria de guerra y mejorar las condiciones de vida del pueblo? O igualmente: ¿siguen siendo correctas las consignas que llaman a la defensa de Wuján, Cantón y el Noroeste, y al desarrollo vigoroso de la guerra de guerrillas en la retaguardia enemiga? Las respuestas podrían ser todas negativas. Existen incluso personas que, apenas se produce un cambio ligeramente favorable en la situación de la guerra, se preparan para intensificar los "roces" entre el Kuomintang y el Partido Comunista, desviando la atención de los asuntos exteriores a los interiores. Esto ocurre casi invariablemente cada vez que se gana una batalla relativamente grande, o cuando el enemigo detiene en forma temporal su ofensiva. Todo esto puede llamarse miopía política y militar. Tales argumentos, aunque parecen razonables, son en realidad palabrería absolutamente infundada y engañosa. Poner fin a tal verborrea ayudará a la prosecución victoriosa de la Guerra de Resistencia contra el Japón.

5. La cuestión es entonces: ¿Será China subyugada? Respondemos: No, no será subyugada; por el contrario, obtendrá la victoria final. ¿Puede China vencer rápidamente? Respondemos: No, no puede vencer rápidamente; la Guerra de Resistencia contra el Japón será una guerra prolongada.

6. Hace ya dos años señalamos; en líneas generales, los principales argumentos relativos a estos problemas. EL 16 de julio de 1936, cinco meses antes del Incidente de Sían y doce antes del Incidente de Lukouchiao, en una entrevista con el Sr. Edgar Snow, periodista norteamericano, hice una apreciación general de la situación de la guerra entre China y el Japón y formulé una serie de

orientaciones para conseguir la victoria. No está de más traer acá algunos apartes:

Snow: ¿En qué condiciones puede China vencer y destruir las fuerzas del imperialismo japonés?

Mao: Se necesitan tres condiciones: primera, la creación de un frente único antijaponés en China; segunda, la formación de un frente único antijaponés internacional; tercera, el ascenso del movimiento revolucionario del pueblo japonés y de los pueblos de las colonias japonesas. Para el pueblo chino, la más importante de las tres condiciones es su gran unidad.

Snow: Según piensa usted, ¿cuánto tiempo durará esta guerra?

Mao: Eso dependerá de la fuerza del frente único antijaponés de China, y de cómo se desarrollen muchos otros factores decisivos para China y para el Japón. Es decir, aparte de la propia fuerza de China, que es lo principal, desempeñarán también un papel importante la ayuda internacional y el apoyo que le preste la revolución en el propio Japón. Si el frente único antijaponés de China se desarrolla con vigor y se organiza eficiente en amplitud y profundidad; si los gobiernos y pueblos convencidos de que el imperialismo japonés amenaza sus propios intereses proporcionan a China la ayuda necesaria, y si la revolución estalla rápidamente en el Japón, entonces la guerra terminará pronto y China obtendrá rápidamente la victoria. Si estas condiciones no se hacen realidad con prontitud, la guerra se prolongará. Pero el resultado será el mismo: el Japón será derrotado y China vencerá, sólo que los sacrificios serán grandes, y habrá que pasar por un período muy doloroso.

Snow: ¿Cuál es su opinión acerca del probable desarrollo de esta guerra en el plano político y militar?

Mao: La política continental del Japón está ya fijada. Quienes se imaginan que un compromiso con el Japón y nuevos sacrificios del territorio y de la soberanía de China pueden detener la ofensiva japonesa, sólo viven de ilusiones. Sabemos a ciencia cierta que también el valle inferior del Yangtsé y nuestros puertos del Sur están ya incluidos en la política continental del imperialismo japonés. Más aún, el Japón aspira a apoderarse de las Filipinas, Siam, Vietnam, la península de Malaca y las Indias Orientales holandesas, con el objeto de aislar a China de otros países y establecer su dominación exclusiva en el Pacífico del Sudoeste. Esta es la política marítima del Japón. En tales circunstancias, está fuera de toda duda que China se encontrará en una situación sumamente difícil. Pero la gran mayoría de los chinos creen que las dificultades pueden superarse. Sólo la gente adinerada de los grandes centros comerciales es derrotista, porque teme perder sus bienes. Muchos piensan que a China le será imposible continuar la guerra una vez que su litoral sea bloqueado por el Japón. Esto es un disparate. Para refutarlo bastaría referirnos a la historia de guerra del Ejército Rojo. La posición de China en la Guerra de Resistencia contra el Japón es muy superior a la del Ejército Rojo durante la guerra civil. China es un país inmenso. Aunque el Japón consiguiese ocupar regiones con cien o incluso doscientos millones de habitantes, estaríamos todavía muy lejos de ser derrotados. Aún nos quedaría una gran fuerza para luchar contra el Japón, mientras éste tendría que sostener, durante toda la guerra, incesantes combates defensivos en su retaguardia. La falta de unidad en la economía china y su desarrollo desigual presentan más bien ventajas para la Guerra de Resistencia contra el Japón. Por ejemplo, aislar a Shanghai del resto de China no es en absoluto tan desastroso para nosotros como lo sería para los EE.UU. separar a Nueva York del resto del país. Aunque el Japón bloquee el litoral de China, le será imposible bloquear el Noroeste, el Sudoeste y el Oeste de China. Por eso, una vez más, el punto central del problema es la unidad de todo el pueblo chino y la Formación de un frente antijaponés en que se una toda la nación. Esto es lo que venimos proponiendo desde hace tiempo.

Snow: Si la guerra dura mucho tiempo sin que el Japón sea derrotado por completo, ¿aceptaría el Partido Comunista negociar una paz con el Japón y reconocer su dominio en el Nordeste de China?

Mao: No. Al igual que todo el pueblo, el Partido Comunista de China no permitirá que el Japón retenga un solo palmo de territorio chino.

Snow: ¿Cuál es, en su opinión, la línea estratégica fundamental que ha de seguirse en esta guerra liberadora?

Mao: Nuestra línea estratégica debe ser la de emplear nuestras fuerzas principales en operaciones sobre frentes muy dilatados y variables. Para alcanzar la victoria, las tropas chinas deben sostener una guerra de movimientos de gran movilidad en vastos teatros de operaciones, actuar con rapidez tanto en los avances como en las retiradas, tanto en la concentración como en la dispersión. Es decir, una guerra de movimientos en gran escala, y no una guerra de posiciones, que depende exclusivamente de las obras de fortificación con profundos fosos, altas fortalezas y sucesivas líneas defensivas. Esto no significa el abandono de todos los puntos estratégicos vitales, que deben ser defendidos mediante una guerra de posiciones siempre que sea provechoso. Pero la estrategia capaz de transformar toda la situación ha de ser la guerra de movimientos. La guerra de posiciones también es necesaria pero sólo puede desempeñar un papel secundario, auxiliar. Desde el punto de vista geográfico, el teatro de la guerra es tan vasto que nos permite efectuar una guerra de movimientos con la máxima eficacia. Frente a las vigorosas acciones de nuestro ejército, las tropas japonesas tendrán que actuar con prudencia.

Su maquinaria bélica es voluminosa, de movimientos lentos y eficacia limitada. Si concentramos nuestras fuerzas en un estrecho sector del frente para oponer resistencia en una guerra de desgaste, desperdiciaremos las ventajas que nos proporcionan las condiciones geográficas y nuestra organización económica, y repetiremos el error de Abisinia. Debemos evitar toda gran batalla decisiva en el periodo inicial de la guerra, y recurrir primero a la guerra de movimientos para minar la moral y la capacidad combativa de las tropas enemigas.

Además de emplear para la guerra de movimientos tropas adiestradas, debemos organizar gran cantidad de unidades guerrilleras entre los campesinos. Hay que comprender que los destacamentos de voluntarios antijaponeses en las tres provincias del Nordeste, apenas son una pequeña muestra de las fuerzas latentes del campesinado de todo el país que pueden movilizarse para sostener la Guerra de Resistencia. Las fuerzas latentes del campesinado chino son enormes, y basta organizarlas y dirigirlas apropiadamente para no dar sosiego a las tropas japonesas durante las veinticuatro horas del día, abrumándolas basta el agotamiento completo. No hay que olvidar que la guerra se desarrolla en China. Esto significa que las tropas japonesas estarán completamente rodeadas por una población hostil, que se verán obligadas a traer los pertrechos necesarios, y vigilarlos ellas mismas, que tendrán que emplear importantes fuerzas para proteger las líneas de comunicación, manteniéndose constantemente en guardia contra los ataques por sorpresa, y además, guarnecer con gran parte de sus fuerzas a Manchuria y al propio Japón.

En el curso de la guerra, China podrá hacer prisioneros a muchos soldados japoneses y capturar gran cantidad de armas y municiones para pertrecharse a sí misma; al mismo tiempo, procurará obtener ayuda extranjera para reforzar gradualmente el armamento de sus tropas. Por eso, en las postrimerías de la guerra, podrá emprender

una guerra de posiciones, atacando las posiciones enemigas en las zonas ocupadas. De este modo, la economía del Japón se derrumbará a consecuencia del prolongado desgaste causado por la Guerra de Resistencia de China, y sus tropas se desmoralizarán en el curso de innumerables batallas extenuativas. En cuanto a China, sus fuerzas latentes de resistencia brotarán con pujanza creciente y, en un inmenso torrente ininterrumpido, las masas populares revolucionarias marcharán al frente para combatir por la libertad. Todos estos factores, coordinados con otros, nos permitirán lanzar los ataques finales y decisivos contra las fortificaciones y bases del Japón en el territorio por él ocupado, y arrojar de
China a sus tropas invasoras.

La experiencia de los diez meses de Guerra de Resistencia ha confirmado la justeza de las consideraciones anteriores, y el futuro seguirá confirmándola.

7. Ya el 25 de agosto de 1937, a poco más de un mes del Incidente de Lukouchiao, el Comité Central del Partido Comunista de China señaló con claridad en su "Resolución sobre la situación actual y las tareas del Partido":

La provocación de los invasores japoneses en Lukouchiao y su ocupación de Peiping y Tientsín no son más que el comienzo de su ofensiva en gran escala contra el territorio chino al Sur de la Gran Muralla. Los invasores japoneses han iniciado en su país la movilización general para la guerra. Su propaganda en el sentido de que no tienen "ningún deseo de agravar la situación" es sólo una cortina de humo para encubrir su ofensiva.

La resistencia ofrecida el 7 de julio en Lukouchiao señaló el punto de partida para la Guerra de Resistencia de China en escala nacional.

La situación política de China ha entrado así en una nueva etapa: la resistencia efectiva. Ya pertenece al pasado la etapa de preparación para la resistencia. La tarea central de la actual etapa consiste en movilizar a todas las fuerzas para obtener la victoria de la Guerra de Resistencia.

La clave para la victoria reside hoy en desarrollar la Guerra de Resistencia ya iniciada, convirtiéndola en una guerra de resistencia general de toda la nación. Sólo mediante una guerra así, se podrá lograr la victoria final.

Como en la actualidad todavía existen serias deficiencias en la Guerra de Resistencia, podrán presentarse en su curso futuro muchos descalabros, retrocesos, divisiones internas, traiciones, compromisos temporales y parciales y otras situaciones adversas. Por consiguiente, debemos tener en cuenta que ésta será una guerra dura y prolongada. Pero estamos convencidos de que, gracias a los esfuerzos de nuestro Partido y del pueblo entero, la Guerra de Resistencia ya iniciada barrerá todos los obstáculos para continuar su avance y desarrollo.

La experiencia de estos diez meses de Guerra de Resistencia ha confirmado igualmente la justeza de estas consideraciones, y el futuro seguirá confirmándola.

8. Las raíces gnoseológicas de todos los conceptos erróneos sobre la guerra son las tendencias idealista y mecanicista. Quienes tienen estas tendencias enfocan el problema de manera subjetiva y unilateral. Se entregan a una charla carente de todo fundamento y puramente subjetiva, o bien, basándose en un solo aspecto o en una manifestación temporal del problema, los exageran también subjetivamente, tomándolos por el todo. Ahora bien, hay dos categorías de conceptos erróneos: una comprende los errores fundamentales y de carácter permanente, que son difíciles de rectificar; la otra, los errores accidentales y de carácter temporal, que son fáciles de rectificar. Sin embargo, como unos y otros son

errores, todos tienen que ser rectificados. Por lo tanto, sólo oponiéndonos a las tendencias idealista y mecanicista en el problema de la guerra y examinándolo objetivamente y en todos sus aspectos, podemos llegar a conclusiones correctas.

Capítulo 2

LA BASE DEL PROBLEMA

9. ¿Por qué la Guerra de Resistencia contra el Japón será una guerra prolongada? ¿Por qué pertenecerá a China la victoria final? ¿Cuál es la base en que se apoyan estas afirmaciones?

La guerra chino-japonesa no es una guerra cualquiera, sino una guerra a muerte que se lleva a cabo en los años 30 del siglo XX, entre la China semicolonial y semifeudal y el Japón imperialista. Esta es la base de todo el problema. Ambos contendientes, que consideraremos por separado, presentan numerosas características opuestas entre sí.

10. El Japón. En primer lugar, el Japón es un poderoso país imperialista, que ocupa el primer puesto en Oriente en cuanto a poderío militar y económico y a capacidad político-organizativa, y es también una de las cinco o seis potencias imperialistas más importantes del mundo. Estas son las condiciones fundamentales para su guerra de agresión. La inevitabilidad de esta guerra y la imposibilidad de una victoria rápida de China se deben precisamente al sistema imperialista del Japón; a su gran poderío militar y

económico y a su gran capacidad político-organizativa. Pero, en segundo lugar, el carácter imperialista del régimen socio-económico del Japón determina el carácter imperialista — retrógrado y bárbaro — de su guerra. En los años 30 del siglo XX, las contradicciones internas y externas del imperialismo japonés no sólo lo han obligado a emprender una guerra aventurera de amplitud sin precedentes, sino que lo han llevado al borde del derrumbamiento final. Desde el punto de vista del desarrollo social, el Japón no es ya un país en ascenso; la guerra no conducirá a la prosperidad a que aspiran sus clases dominantes, sino a lo contrario: la ruina del imperialismo japonés. Esto es lo que entendemos por naturaleza retrógrada de la guerra que hace el Japón. Dicha naturaleza, unida al carácter militar-feudal del imperialismo japonés, da origen a la particular barbarie con que realiza esta guerra. Todo esto agudizará al máximo el antagonismo entre las clases del propio Japón, el antagonismo entre la nación japonesa y la china y el antagonismo entre el Japón y la mayoría de los países del mundo. La naturaleza retrógrada y bárbara de la guerra del Japón constituye la razón principal de su inevitable derrota. Pero esto no es todo. En tercer lugar, aunque el Japón conduce la guerra sobre la base de su gran poderío militar y económico y su gran capacidad político-organizativa, esta base adolece, a su vez, de una deficiencia que le es inherente. El poderío militar y económico y la capacidad político-organizativa del Japón son grandes, pero cuantitativamente insuficientes. Por ser un país relativamente pequeño, el Japón tiene limitados recursos humanos, militares, financieros y materiales, y no puede soportar una guerra prolongada. Los gobernantes japoneses tratan de resolver estas dificultades por medio de la guerra; pero aquí también obtendrán lo contrario de lo que desean; es decir, la guerra que han desencadenado para solucionar estas dificultades terminará por agravarlas e incluso por agotar sus reservas iniciales. Finalmente y en cuarto lugar, si bien el Japón puede obtener ayuda exterior de los países fascistas, ha de encontrar al mismo tiempo fuerzas de oposición internacionales que sobrepasarán a las fuerzas que le prestan ayuda desde el exterior. Las primeras crecerán en forma gradual y, a la postre, no sólo llegarán a anular a las segundas, sino que también presionarán sobre el propio Japón. Aquí rige una ley que emana de la naturaleza misma de la guerra que hace el Japón: una causa injusta encuentra escaso apoyo. En resumen, la ventaja del Japón reside en su gran capacidad bélica, y sus desventajas, en la naturaleza retrógrada y bárbara de su guerra, en la insuficiencia de sus recursos humanos y materiales y en el escaso apoyo internacional con que cuenta. Estas son las características del Japón.

11. China. En primer lugar, el nuestro es un país semicolonial y semifeudal. Desde la Guerra del Opio, pasando por la Guerra del Reino Celestial Taiping, el Movimiento Reformista de 1898 y la Revolución de 1911, hasta la Expedición al Norte, todos los movimientos revolucionarios o reformistas que se proponían liberar a China de su estado semicolonial y semifeudal sufrieron serios reveses, y por eso China sigue siendo un país semicolonial y semifeudal. Somos todavía un país débil y manifiestamente inferior al enemigo en poderío militar y económico y en capacidad político-organizativa. También en este punto encuentran su base la inevitabilidad de la guerra y la imposibilidad de la victoria rápida de China. Pero, en segundo lugar, el movimiento de liberación de China, que se ha desarrollado incesantemente durante los últimos cien años, es ahora distinto de lo que fue en cualquier otro período histórico. Si bien las diversas fuerzas internas y externas que se oponen a ese movimiento le han causado serios reveses, éstos, a su vez, han templado al pueblo chino. Aunque en el terreno militar, económico, político y cultural, la China de hoy no es tan fuerte como

el Japón, existen ya en el país factores más progresistas que en cualquier otro período de su historia. El Partido Comunista de China y el ejército por él dirigido representan esos factores. Y precisamente sobre la base de estos factores progresistas, la actual guerra liberadora de China podrá ser prolongada y alcanzar la victoria final. En contraste con el decadente imperialismo japonés, China es como el sol al nacer. La guerra de China es progresista, y de ahí su carácter justo. Por ser una guerra justa, puede unir a toda la nación, despertar la simpatía del pueblo del país enemigo y ganar el apoyo de la mayoría de los países del mundo. En tercer lugar, China es un país muy grande: vasto territorio, abundantes recursos, inmensa población y gran número de soldados; por consiguiente, es capaz de sostener una guerra prolongada. Esto ofrece otro contraste con el Japón. Finalmente y en cuarto lugar, el amplio apoyo internacional a China, producto del carácter progresista y justo de su guerra, es, asimismo, exactamente lo contrario, del escaso apoyo a la injusta causa del Japón. Para resumir, la desventaja de China reside en su debilidad militar, y sus ventajas, en el carácter progresista y justo de su guerra, en el hecho de que es un país grande y en el amplio apoyo internacional con que cuenta. Estas son las características de China.

12. Así, puede verse que el Japón posee un gran poderío militar y económico y una gran capacidad político-organizativa, pero que su guerra es retrógrada y bárbara, sus recursos humanos y materiales, insuficientes, y su posición internacional, desventajosa. China, por el contrario dispone de un menor poderío militar y económico y de una capacidad político-organizativa inferior, pero se encuentra en una época de progreso y sostiene una guerra progresista y justa; además, es un país grande lo cual le permite mantener una guerra prolongada, y la mayoría de los países del mundo le brindarán su apoyo. Tales son las características básicas, contradictorias entre sí,

de la guerra chino-japonesa. Estas características han determinado y determinan todas las medidas políticas la estrategia y táctica militares de ambos bandos: han determinado y determinan el carácter prolongado de la guerra y el que la victoria final pertenezca a China y no al Japón. La guerra es una pugna entre esas características, que irán cambiando en el curso de la guerra, cada una de acuerdo con su propia naturaleza, y todo lo que suceda será consecuencia de estos cambios. Estas características existen en la realidad y no son una invención para engañar a la gente. Comprenden la totalidad de los elementos básicos de la guerra, y no algunos aspectos incompletos y aislados. Penetran todos los problemas de ambos bandos, grandes y pequeños, y todas las etapas de la guerra; no son en absoluto algo insignificante. Si alguien olvida estas características al examinar la guerra chino-japonesa, ciertamente se equivocará. Aunque algunas de sus opiniones puedan parecer correctas y ganar crédito por un tiempo, el curso de la guerra demostrará de seguro que son erróneas. Basándonos en estas características, pasaremos ahora a explicar todos los problemas que nos proponemos examinar.

9. ¿Por qué la Guerra de Resistencia contra el Japón será una guerra prolongada? ¿Por qué pertenecerá a China la victoria final? ¿Cuál es la base en que se apoyan estas afirmaciones?

La guerra chino-japonesa no es una guerra cualquiera, sino una guerra a muerte que se lleva a cabo en los años 30 del siglo XX, entre la China semicolonial y semifeudal y el Japón imperialista. Esta es la base de todo el problema. Ambos contendientes, que consideraremos por separado, presentan numerosas características opuestas entre sí.

10. El Japón. En primer lugar, el Japón es un poderoso país imperialista, que ocupa el primer puesto en Oriente en cuanto a poderío militar y económico y a capacidad político-organizativa, y es también una de las cinco o seis potencias imperialistas más importantes del mundo. Estas son las condiciones fundamentales para su guerra de agresión. La inevitabilidad de esta guerra y la imposibilidad de una victoria rápida de China se deben precisamente al sistema imperialista del Japón; a su gran poderío militar y económico y a su gran capacidad político-organizativa. Pero, en segundo lugar, el carácter imperialista del régimen socio-económico del Japón determina el carácter imperialista — retrógrado y bárbaro — de su guerra. En los años 30 del siglo XX, las contradicciones internas y externas del imperialismo japonés no sólo lo han obligado a emprender una guerra aventurera de amplitud sin precedentes, sino que lo han llevado al borde del derrumbamiento final. Desde el punto de vista del desarrollo social, el Japón no es ya un país en ascenso; la guerra no conducirá a la prosperidad a que aspiran sus clases dominantes, sino a lo contrario: la ruina del imperialismo japonés. Esto es lo que entendemos por naturaleza retrógrada de la guerra que hace el Japón. Dicha naturaleza, unida al carácter militar-feudal del imperialismo japonés, da origen a la particular barbarie con que realiza esta guerra. Todo esto agudizará al máximo el antagonismo entre las clases del propio Japón, el antagonismo entre la nación japonesa y la china y el antagonismo entre el Japón y la mayoría de los países del mundo. La naturaleza retrógrada y bárbara de la guerra del Japón constituye la razón principal de su inevitable derrota. Pero esto no es todo. En tercer lugar, aunque el Japón conduce la guerra sobre la base de su gran poderío militar y económico y su gran capacidad político-organizativa, esta base adolece, a su vez, de una deficiencia que le es inherente. El poderío militar y económico y la capacidad político-organizativa del Japón

son grandes, pero cuantitativamente insuficientes. Por ser un país relativamente pequeño, el Japón tiene limitados recursos humanos, militares, financieros y materiales, y no puede soportar una guerra prolongada. Los gobernantes japoneses tratan de resolver estas dificultades por medio de la guerra; pero aquí también obtendrán lo contrario de lo que desean; es decir, la guerra que han desencadenado para solucionar estas dificultades terminará por agravarlas e incluso por agotar sus reservas iniciales. Finalmente y en cuarto lugar, si bien el Japón puede obtener ayuda exterior de los países fascistas, ha de encontrar al mismo tiempo fuerzas de oposición internacionales que sobrepasarán a las fuerzas que le prestan ayuda desde el exterior. Las primeras crecerán en forma gradual y, a la postre, no sólo llegarán a anular a las segundas, sino que también presionarán sobre el propio Japón. Aquí rige una ley que emana de la naturaleza misma de la guerra que hace el Japón: una causa injusta encuentra escaso apoyo. En resumen, la ventaja del Japón reside en su gran capacidad bélica, y sus desventajas, en la naturaleza retrógrada y bárbara de su guerra, en la insuficiencia de sus recursos humanos y materiales y en el escaso apoyo internacional con que cuenta. Estas son las características del Japón.

11. China. En primer lugar, el nuestro es un país semicolonial y semifeudal. Desde la Guerra del Opio, pasando por la Guerra del Reino Celestial Taiping, el Movimiento Reformista de 1898 y la Revolución de 1911, hasta la Expedición al Norte, todos los movimientos revolucionarios o reformistas que se proponían liberar a China de su estado semicolonial y semifeudal sufrieron serios reveses, y por eso China sigue siendo un país semicolonial y semifeudal. Somos todavía un país débil y manifiestamente inferior al enemigo en poderío militar y económico y en capacidad político-organizativa. También en este punto encuentran su base la

inevitabilidad de la guerra y la imposibilidad de la victoria rápida de China. Pero, en segundo lugar, el movimiento de liberación de China, que se ha desarrollado incesantemente durante los últimos cien años, es ahora distinto de lo que fue en cualquier otro período histórico. Si bien las diversas fuerzas internas y externas que se oponen a ese movimiento le han causado serios reveses, éstos, a su vez, han templado al pueblo chino. Aunque en el terreno militar, económico, político y cultural, la China de hoy no es tan fuerte como el Japón, existen ya en el país factores más progresistas que en cualquier otro período de su historia. El Partido Comunista de China y el ejército por él dirigido representan esos factores. Y precisamente sobre la base de estos factores progresistas, la actual guerra liberadora de China podrá ser prolongada y alcanzar la victoria final. En contraste con el decadente imperialismo japonés, China es como el sol al nacer. La guerra de China es progresista, y de ahí su carácter justo. Por ser una guerra justa, puede unir a toda la nación, despertar la simpatía del pueblo del país enemigo y ganar el apoyo de la mayoría de los países del mundo. En tercer lugar, China es un país muy grande: vasto territorio, abundantes recursos, inmensa población y gran número de soldados; por consiguiente, es capaz de sostener una guerra prolongada. Esto ofrece otro contraste con el Japón. Finalmente y en cuarto lugar, el amplio apoyo internacional a China, producto del carácter progresista y justo de su guerra, es, asimismo, exactamente lo contrario, del escaso apoyo a la injusta causa del Japón. Para resumir, la desventaja de China reside en su debilidad militar, y sus ventajas, en el carácter progresista y justo de su guerra, en el hecho de que es un país grande y en el amplio apoyo internacional con que cuenta. Estas son las características de China.

12. Así, puede verse que el Japón posee un gran poderío militar y económico y una gran capacidad político-organizativa, pero que su

guerra es retrógrada y bárbara, sus recursos humanos y materiales, insuficientes, y su posición internacional, desventajosa. China, por el contrario dispone de un menor poderío militar y económico y de una capacidad político-organizativa inferior, pero se encuentra en una época de progreso y sostiene una guerra progresista y justa; además, es un país grande lo cual le permite mantener una guerra prolongada, y la mayoría de los países del mundo le brindarán su apoyo. Tales son las características básicas, contradictorias entre sí, de la guerra chino-japonesa. Estas características han determinado y determinan todas las medidas políticas la estrategia y táctica militares de ambos bandos: han determinado y determinan el carácter prolongado de la guerra y el que la victoria final pertenezca a China y no al Japón. La guerra es una pugna entre esas características, que irán cambiando en el curso de la guerra, cada una de acuerdo con su propia naturaleza, y todo lo que suceda será consecuencia de estos cambios. Estas características existen en la realidad y no son una invención para engañar a la gente. Comprenden la totalidad de los elementos básicos de la guerra, y no algunos aspectos incompletos y aislados. Penetran todos los problemas de ambos bandos, grandes y pequeños, y todas las etapas de la guerra; no son en absoluto algo insignificante. Si alguien olvida estas características al examinar la guerra chino-japonesa, ciertamente se equivocará. Aunque algunas de sus opiniones puedan parecer correctas y ganar crédito por un tiempo, el curso de la guerra demostrará de seguro que son erróneas. Basándonos en estas características, pasaremos ahora a explicar todos los problemas que nos proponemos examinar.

Capítulo 3

REFUTACION DE LA TEORIA DE LA SUBYUGACION NACIONAL

13. Los partidarios de la teoría de la subyugación nacional, no viendo más que el contraste entre la fortaleza del enemigo y nuestra debilidad, solían decir: "La resistencia significa la subyugación inevitable." Y ahora andan diciendo: "La continuación de la guerra significa la subyugación inevitable." No podremos convencerlos con sólo afirmar que el Japón, aunque fuere, es pequeño, en tanto que China, aunque débil, es grande. Pueden traer a colación ejemplos históricos como la conquista de la dinastía Sung por la dinastía Yuan y de la dinastía Ming por la dinastía Ching, para demostrar que un país pequeño pero fuerte puede subyugar a un país grande pero débil, y que incluso un país atrasado puede someter a uno avanzado. Si decimos que estos hechos sucedieron en tiempos antiguos y que no pueden servir de argumento, ellos podrán citar el caso de la subyugación de la India por Inglaterra, para demostrar que un país capitalista pequeño pero fuerte puede someter a un país atrasado, grande pero débil. Por consiguiente, debemos presentar aún otras razones para tapar la boca a todos los partidarios de la teoría de la subyugación nacional y convencerlos, así como para proporcionar suficientes argumentos a todos aquellos que se dedican a la propaganda, de modo que puedan persuadir a los que aún se hallan confusos o vacilantes y fortalecer su fe en la Guerra de Resistencia.

14. ¿Qué argumentos debemos presentar? Las características de la época, que se reflejan concretamente en lo retrógrado del Japón y de escaso apoyo que obtiene, y en lo progresista de China y el amplio apoyo con que cuenta.

15. Nuestra guerra no es una guerra cualquiera, sino una guerra entre China y el Japón en los años 30 del siglo XX. Por su parte, nuestro enemigo es, antes que nada, un país imperialista moribundo; se encuentra ya en la época de su decadencia y no sólo es distinto de la Inglaterra de la época en que ésta subyugó a la India, cuando el capitalismo inglés aún se encontraba en ascenso, sino también distinto de lo que él mismo era hace veinte años, en la época de la Primera Guerra Mundial. La guerra actual ha sido desatada en vísperas del derrumbamiento general del imperialismo mundial y, ante todo, de los países fascistas. Y éste es precisamente el motivo por el cual el enemigo se ha lanzado a esta guerra aventurera, que reviste el carácter de un último y desesperado forcejeo. Por consiguiente, no será China, sino los círculos gobernantes del imperialismo japonés los que quedarán destruidos como resultado inevitable de la guerra. Más aún, el Japón ha emprendido esta guerra en momentos en que los diversos países de la Tierra ya están o pronto estarán envueltos en una guerra; todo el mundo está luchando o preparándose para luchar contra la bárbara agresión, y los intereses de China están ligados con los de la mayoría de los países y pueblos de la Tierra. Esta es la causa fundamental de la oposición que el Japón ha despertado y continuará despertando con creciente intensidad en la mayoría de los países y pueblos del mundo.

16. ¿Y China? La China de hoy ya no puede compararse con la de ningún otro período histórico. Su rasgo característico es el de una

sociedad semicolonial y semifeudal, y por eso China es considerada como país débil. Pero, al mismo tiempo, se encuentra en una época de progreso en su historia. Esta es la razón principal de su capacidad para derrotar al Japón. Cuando decimos que la Guerra de Resistencia contra el Japón es progresista, no queremos decir que lo sea en un sentido corriente y general, no nos referimos a un carácter progresista como el de la guerra de Abisinia contra el invasor italiano o como el de la Guerra del Reino Celestial Taiping o de la Revolución de 1911, sino al carácter progresista de la China de hoy. ¿En qué sentido es progresista la China de hoy? En que ya no es un país totalmente feudal y tiene ya capitalismo, una burguesía y un proletariado, amplias masas populares que han despertado o están despertando, un Partido Comunista, un ejército políticamente progresista — el Ejército Rojo de China dirigido por el Partido Comunista —, y la tradición y experiencia de muchas décadas de revolución, en especial la experiencia de los diecisiete años transcurridos desde la fundación del Partido Comunista de China. Esta experiencia ha educado al pueblo y a los partidos políticos de China, y hoy constituye precisamente la base de la unidad para resistir al Japón. Si puede decirse que en Rusia no habría sido posible la victoria de 1917 sin la experiencia de 1905, también podemos afirmar que sin la experiencia de los últimos diecisiete años sería imposible la victoria de la Guerra de Resistencia. Estas son las condiciones internas.

Las condiciones internacionales hacen que China no esté aislada en la guerra, y esto tampoco tiene precedentes en la historia. En el pasado, tanto las guerras de China como las de la India se realizaron en el aislamiento. Sólo hoy nos encontramos con que han surgido o están surgiendo en el mundo entero movimientos populares de amplitud y profundidad sin igual, y contamos con su apoyo. La Revolución de 1917 en Rusia también encontró apoyo en todo el mundo, y así triunfaron los obreros y campesinos rusos. Pero ese apoyo no fue tan amplio ni de naturaleza tan profunda como el que hoy recibimos nosotros. Los movimientos populares del mundo se desarrollan hoy con una amplitud y profundidad incomparables. En la actual política internacional, es un factor particularmente importante la existencia de la Unión Soviética, que sin duda ayudará a China con el máximo entusiasmo. Este factor no existía en absoluto hace veinte años. Todo esto en su conjunto ha creado y crea importantes condiciones indispensables para la victoria final de China. Hasta ahora todavía no ha habido una ayuda directa y de gran magnitud, que solo vendrá en el futuro, pero siendo un país grande y progresista, China puede sostener una guerra prolongada y promover y esperar la ayuda internacional.

17. A esto debe añadirse que, mientras el Japón es un país pequeño – reducido territorio, escasos recursos, limitada población y un número insuficiente de soldados —, China es un país grande — vasto territorio, abundantes recursos, inmensa población y gran número de soldados —. Así, aparte del contraste entre la fortaleza y la debilidad, existe también el contraste entre un país pequeño, en decadencia y con escaso apoyo, por una parte, y un país grande, en progreso y con amplio apoyo, por la otra. Esta es la razón por la cual China jamás será subyugada. El contraste entre la fortaleza y la debilidad determina que el Japón pueda cometer tropelías en China durante cierto período y en cierta medida, que China haya de recorrer ineludiblemente un trecho de camino difícil y que la Guerra de Resistencia contra el Japón sea una guerra prolongada y no de decisión rápida; sin embargo, el contraste entre un país pequeño, en decadencia y con escaso apoyo, por una parte, y un país grande, en progreso y con amplio apoyo, por la otra, determina que el Japón no pueda atropellar eternamente a China y esté condenado a la derrota

final, y que China nunca pueda ser subyugada y tenga segura la victoria final.

18. ¿Por qué Abisinia fue subyugada? Primero, no sólo era un país débil, sino también pequeño. Segundo, no era tan progresista como China; era un país antiguo que estaba pasando del régimen de esclavitud al de servidumbre, un país en que no había capitalismo ni partidos políticos burgueses, para no hablar ya de un Partido Comunista, ni había un ejército como el de China, y mucho menos como el VIII Ejército. Tercero, no pudo resistir lo suficiente como para obtener la ayuda internacional y tuvo que luchar aislada. Cuarto, y esto es lo principal, se cometieron errores en la dirección de su guerra contra los invasores italianos. Por eso Abisinia fue subyugada. Pero aún existe allí una guerra de guerrillas bastante amplia que, si se mantiene con firmeza, permitirá a los abisinios recuperar la independencia de su patria en el futuro, cuando cambie la situación mundial.

19. Si los partidarios de la teoría de la subyugación nacional citan ejemplos de los fracasos del movimiento de liberación en la China moderna para justificar sus aseveraciones de que "la resistencia significa la subyugación inevitable" y de que "la continuación de la guerra significa la subyugación inevitable", nuestra respuesta será igualmente una sola frase: los tiempos son distintos. La propia China, el Japón y la situación internacional son distintos ahora. El Japón se ha hecho más fuerte que antes, mientras China, en su condición inalterada de país semicolonial y semifeudal, sigue siendo bastante débil. Esta es una grave circunstancia. También es un hecho que los gobernantes del Japón, por el momento, aún pueden mantener bajo el yugo a su pueblo y aprovecharse de las contradicciones internacionales para invadir a China. Pero, en el curso de una guerra larga, se producirán inevitablemente cambios en sentido contrario.

En la actualidad, estos cambios no son todavía una realidad, pero lo serán sin duda en el futuro. Este punto lo pasan por alto los partidarios de la teoría de la subyugación nacional. ¿Y China? Ya tiene nuevos hombres, un nuevo partido político, un nuevo ejército y una nueva política, la resistencia al Japón. Esta situación es muy distinta a la de hace más de diez años y, lo que es más, experimentará inevitablemente nuevos progresos. Es cierto que, en la historia de China, los movimientos de liberación han sufrido una y otra vez serios descalabros, y por ello nuestro país no ha podido acumular una mayor fuerza para la actual Guerra de Resistencia contra el Japón (ésta es una lección histórica extremadamente dolorosa; ¡que en lo sucesivo los chinos no vuelvan jamás a destruir ninguna de sus propias fuerzas revolucionarias!); no obstante, sobre la base actual y haciendo grandes esfuerzos, podremos sin duda avanzar gradualmente y acrecentar nuestra fuerza para la resistencia.

El gran frente único nacional antijaponés es precisamente la dirección general hacia la cual deben orientarse todos estos esfuerzos. En cuanto al apoyo internacional, aunque hasta ahora no hemos recibido una ayuda directa y considerable, dicha ayuda está preparándose, ya que la situación internacional es fundamentalmente distinta a la del pasado. Los innumerables fracasos en el movimiento de liberación de la China moderna tuvieron sus causas objetivas y subjetivas, pero ni en uno ni en otro aspecto es posible la comparación con la presente situación. En la actualidad, aunque existen muchas condiciones desfavorables que determinan el carácter arduo de la Guerra de Resistencia contra el Japón como por ejemplo la fortaleza del enemigo y nuestra debilidad, y el hecho de que sus dificultades apenas comienzan, en tanto que nuestro progreso dista mucho de ser suficiente, existen sin embargo muchas condiciones favorables para vencer al enemigo; basta agregar a ellas nuestros propios esfuerzos para que podamos superar las dificultades y lograr la victoria. Por estas condiciones favorables, ningún período en la historia de China puede compararse con el actual, y de aquí la razón por la cual la Guerra de Resistencia contra el Japón, a diferencia de los movimientos de liberación del pasado, no terminará en el fracaso.

Capítulo 4

¿COMPROMISO O RESISTENCIA?
¿CORRUPCION O PROGRESO?

20. Ya hemos demostrado que la teoría de la subyugación nacional es infundada. Pero existen muchas personas que, sin ser partidarias de esta teoría, sino patriotas se sienten profundamente preocupadas por la situación presente. Sus problemas son dos: el temor a un compromiso con el Japón y la duda respecto a la posibilidad de progreso político en China. Estos dos inquietantes problemas siguen siendo objeto de una amplia discusión y no se ha encontrado base alguna para su solución. Estudiémoslos ahora.

21. Como se ha dicho anteriormente; el problema del compromiso tiene sus raíces sociales. Mientras existan dichas raíces, necesariamente tendrá que presentarse esta cuestión. Sin embargo, el compromiso no se hará realidad. Para demostrarlo, sólo necesitamos, una vez más, buscar las razones en la situación del Japón, en la de China y en la situación internacional. En primer lugar, veamos el Japón. Ya al comienzo de la Guerra de Resistencia estimamos que llegaría el momento en que surgiría una atmósfera conducente al compromiso, o sea, que el enemigo, luego de ocupar el Norte y las provincias de Chiangsú y Chechiang, podría tratar de inducir a China a la capitulación. Más tarde, en efecto, así lo hizo. Pero la crisis terminó muy pronto, siendo una de las causas el hecho

de que el enemigo aplicó una bárbara política por todas partes y practicó el pillaje desembozado. Si China hubiese capitulado, todos los chinos se habrían convertido en esclavos coloniales. La política de rapiña del enemigo, política de subyugación de China, tiene dos aspectos, el material y el espiritual, y se aplica a todos los chinos sin excepción, no sólo a las masas populares sino también a las capas superiores de la sociedad. Por supuesto, estas últimas son tratadas con cierta moderación, pero sólo hay una diferencia de grado, y no de principio. En general, el enemigo utiliza en el interior de China los mismos procedimientos que ha venido aplicando en las tres provincias del Nordeste. En el plano material, roba a la gente sencilla hasta los alimentos y la ropa, condenando a las amplias masas al hambre y al frío; saquea los medios de producción, arruinando y esclavizando así la industria nacional de China. En el plano espiritual, el enemigo trabaja para destruir la conciencia nacional del pueblo chino. Bajo la bandera del "sol naciente", los chinos no podrían ser sino siervos sumisos, bestias de carga, y a nadie se le permitiría la más mínima manifestación de espíritu nacional. El enemigo tratará de llevar esta bárbara política hasta lo más profundo del país. En su voracidad, no quiere detener la guerra. Como es inevitable, la política proclamada por el gabinete japonés en su declaración del 16 de enero de 1938 sigue siendo aplicada obstinadamente, lo que ha provocado una gran indignación entre todas las capas de la población de China. Esta indignación es originada por el carácter retrógrado y bárbaro de la guerra que sostiene el enemigo, y como "nadie escapa a su destino ", esa indignación ha cristalizado en una hostilidad absoluta. Es de suponer que en un momento determinado, el enemigo volverá a tratar de inducir a China a capitular, y que algunos partidarios de la teoría de la subyugación nacional saldrán de nuevo a la superficie y muy probablemente se confabularán con ciertos elementos del extranjero (tales elementos pueden encontrarse en

Inglaterra, los EE.UU. y Francia, en especial en las capas superiores de Inglaterra), como socios de su empresa criminal. Pero la tendencia general de los acontecimientos no permitirá la capitulación; una de las razones de ello es el carácter obstinado y particularmente bárbaro de la guerra que hace el Japón.

22. En segundo lugar, veamos China. En China hay tres factores que contribuyen a su perseverancia en la Guerra de Resistencia. Primero, el Partido Comunista, fuerza segura que dirige al pueblo en la resistencia al Japón. Segundo, el Kuomintang, que depende de Inglaterra y los EE.UU., y por ello no capitulará ante el Japón a menos que estos países le ordenen hacerlo. Finalmente, los otros partidos y grupos políticos, la mayoría de los cuales se oponen al compromiso y apoyan la Guerra de Resistencia. Estas tres fuerzas ya están unidas; cualquiera de ellas que pretenda un compromiso se alineará con los colaboracionistas, y todo el mundo tendrá derecho a castigarla. A todos aquellos que no quieran ser traidores no les queda otra alternativa que unirse para llevar firmemente la Guerra de Resistencia hasta el fin; por eso, el compromiso difícilmente podrá realizarse.

23. En tercer lugar, veamos la situación internacional. Con excepción de los aliados del Japón y de ciertos elementos de las capas superiores de otros países capitalistas, el mundo entero está en favor de la resistencia de China, y no del compromiso. Este factor refuerza nuestras esperanzas. Hoy, el pueblo entero espera confiadamente que las fuerzas internacionales brinden a China una ayuda creciente. Esta no es una esperanza vana; la existencia de la Unión Soviética es un estímulo especial para China en su Guerra de Resistencia. La Unión Soviética, país socialista, ahora más fuerte que nunca, ha compartido siempre con China penas y alegrías. En directo

contraste con todos los países capitalistas, en que los elementos de las capas superiores de la sociedad sólo buscan ganancias, la Unión Soviética considera como su deber prestar ayuda a todas las naciones débiles y pequeñas y apoyar todas las guerras revolucionarias. El que la guerra de China no se encuentre aislada se debe no sólo a la ayuda internacional en general, sino especialmente a la de la Unión Soviética. China es un país limítrofe de la Unión Soviética, lo cual agrava la crisis del Japón y facilita nuestra Guerra de Resistencia. La cercanía de China con el Japón aumenta las dificultades de nuestra Resistencia, pero su proximidad con la Unión Soviética es una condición favorable para ella.

24. De lo dicho podemos deducir que el peligro de compromiso existe pero puede ser superado. Pues, aunque el enemigo pueda modificar en cierta medida su política, es imposible que la altere radicalmente. Si bien existen en China raíces sociales para el compromiso, los que a él se oponen constituyen la inmensa mayoría. Aunque en el plano internacional hay también algunas fuerzas que están en favor del compromiso, las fuerzas principales son partidarias de la resistencia. La combinación de estos tres factores hace posible superar el peligro de compromiso y persistir hasta el fin en la Guerra de Resistencia.

25. Ahora vamos a contestar la segunda cuestión. El progreso político en el país es inseparable de la perseverancia en la Guerra de Resistencia. Cuanto mayor sea este progreso, tanto más podremos perseverar en la Guerra de Resistencia; cuanto más persistamos en ella tanto mayor será el progreso político. Sin embargo, aquí lo fundamental será la perseverancia en la Guerra de Resistencia. En los diversos aspectos de la actividad del Kuomintang, existen serios fenómenos negativos; y la acumulación, en el transcurso de los años,

de estos injustificables factores ha provocado gran inquietud y zozobra entre las amplias filas de los patriotas. Pero no hay razón para el pesimismo, pues la experiencia de la Guerra de Resistencia ha demostrado que el pueblo chino ha hecho en los últimos diez meses progresos que en el pasado habrían exigido muchos años. Si bien la corrupción, acumulada durante largos años, retarda seriamente el crecimiento de la fuerza del pueblo para resistir al Japón, reduciendo así el número de nuestras victorias y causándonos pérdidas en la guerra, la situación general en China, en el Japón y en el mundo es tal que el pueblo chino no puede sino progresar. Pero como existe la corrupción, factor que estorba el progreso, éste será lento. El progreso y su ritmo lento son dos rasgos característicos de la situación actual, y que el segundo no concuerde con las urgentes exigencias de la guerra preocupa mucho a los patriotas chinos. Pero nos encontramos en medio de una guerra revolucionaria, y la guerra revolucionaria es una antitoxina, que no sólo destruirá el veneno del enemigo, sino que también nos depurará de toda inmundicia. Toda guerra justa, revolucionaria, está dotada de una fuerza inmensa, capaz de transformar muchas cosas o de abrir el camino a su transformación. La guerra chino-japonesa transformará a China y al Japón. Siempre que China persista en La Guerra de Resistencia y en el frente único, el viejo Japón se convertirá en un nuevo Japón, y la vieja China, en una nueva China, y tanto en un país como en el otro, hombres y cosas se transformarán en el curso de esta guerra y después de ella. Por lo tanto, tenemos razón al considerar la Guerra de Resistencia y la edificación del país como vinculadas entre sí. Al decir que el Japón también puede ser transformado, nos referimos a que la guerra de agresión sostenida por sus gobernantes terminará en una derrota y puede suscitar la revolución del pueblo japonés. El día en que triunfe la revolución del pueblo japonés, será el momento de la transformación del Japón. Esto está estrechamente vinculado con la Guerra de Resistencia de China y es una perspectiva que no debemos perder de vista.

Capítulo 5

LA TEORIA DE LA VICTORIA RAPIDA ES TAN ERRONEA COMO LA TEORIA DE LA SUBYUGACION NACIONAL

26. Hemos sometido ya a un estudio comparativo las particularidades fundamentales, recíprocamente contradictorias, de nuestro país y del enemigo, que consisten en que el Japón es un país fuerte, pero pequeño, que se encuentra en decadencia y no cuenta sino con un escaso apoyo exterior, y que China es un país débil, pero grande, que atraviesa una época de progreso y goza de amplio apoyo internacional. Con ello hemos refutado la teoría de la subyugación nacional, y explicado por qué es poco probable el compromiso y por qué es posible el progreso político en China. Los partidarios de la teoría de la subyugación nacional sólo acentúa la contradicción entre lo fuerte y lo débil, y la inflan hasta convertirla en la base de su argumentación sobre todo el problema, sin tener en cuenta las otras contradicciones. Subrayar únicamente el contraste entre lo fuerte y lo débil indica la unilateralidad de su pensamiento, y exagerar este único aspecto de la cuestión, tomándolo por el todo, denota a su vez su subjetivismo. Por lo tanto, si se mira la cuestión en su conjunto, se verá que su teoría carece de fundamento y que están equivocados. En cuanto a los que no comparten la teoría de la subyugación nacional ni son pesimistas empedernidos, pero cuyo estado de ánimo es por el momento pesimista, simplemente porque

están confundidos por la disparidad entre nuestra fuerza y la del enemigo en un momento determinado y en ciertos aspectos o por la corrupción que existe dentro del país debemos señalarles que el origen de su punto de vista es también la unilateralidad y el subjetivismo. Pero en su caso, la corrección es relativamente fácil; basta con mostrarles sus errores para que comprendan, porque son patriotas y sus errores son sólo momentáneos.

27. No obstante, los partidarios de la teoría de la victoria rápida también están equivocados. Bien se olvidan por completo de la contradicción entre lo fuerte y lo débil y se acuerdan tan sólo de las demás contradicciones; o bien exageran las ventajas de China más allá de toda realidad, presentándolas de manera deformada; o toman la correlación de fuerzas en un momento y lugar dados por la situación en su conjunto — como se dice, "una hoja ante los ojos impide ver la montaña Taishan" —, y creen estar en lo cierto. En una palabra, carecen de valor para admitir que el enemigo es fuerte en tanto que nosotros somos débiles. A menudo niegan esto, borrando así un aspecto de la verdad. Tampoco tienen el valor necesario para admitir las limitaciones de nuestras propias ventajas, y así borran otro aspecto de la verdad. Por consiguiente, cometen errores, grandes o pequeños, y aquí, una vez más, el mal se debe al subjetivismo y la unilateralidad. Estos amigos tienen buenas intenciones y también son patriotas. Pero, aunque "las aspiraciones de sus mercedes son en verdad elevadas", su forma de abordar los problemas no es acertada, y nos estrellaríamos contra el muro si actuáramos de acuerdo con lo que dicen. Pues, si las apreciaciones no concuerdan con la realidad, la acción no puede alcanzar su objetivo; y obstinarse en actuar así significa la derrota del ejército y la subyugación de la nación, y el resultado será el mismo que en el

caso de los derrotistas. De ahí que la teoría de la victoria rápida tampoco sirva para nada.

28. ¿Negamos el peligro de subyugación nacional? No, no lo negamos. Reconocemos que ante China se ofrecen dos perspectivas posibles: liberación o subyugación, y que ambas se encuentran en violento conflicto. Nuestra tarea es lograr la liberación y evitar la subyugación. Las condiciones para la liberación son: el progreso de China, que es lo fundamental, las dificultades del enemigo y la ayuda internacional. A diferencia de los partidarios de la teoría de la subyugación nacional, nosotros, abordando la cuestión objetivamente y en todos sus aspectos, reconocemos que existen al mismo tiempo las dos posibilidades: subyugación y liberación; subrayamos que la liberación es la posibilidad predominante, señalamos las condiciones para su realización y nos esforzamos por conseguirlas. Los partidarios de la teoría de la subyugación nacional, en cambio, adoptando un punto de vista subjetivo y unilateral, reconocen una sola posibilidad, la de subyugación; no admiten la de liberación, ni mucho menos pueden señalar las condiciones necesarias para ella ni se esfuerzan por obtenerlas. Reconocemos que existen la corrupción y la tendencia al compromiso, pero vemos asimismo otros fenómenos y tendencias, y mostramos que estos últimos prevalecerán gradualmente en su violento choque con las primeras. Además, señalamos las condiciones necesarias para que prevalezcan estos últimos fenómenos y tendencias, y luchamos por superar la tendencia al compromiso y suprimir la corrupción. Por lo tanto, contrariamente a los pesimistas, no caemos en el desaliento.

29. Y no es que no deseemos una victoria rápida. Todo el mundo desearía expulsar a los "demonios" japoneses de la noche a la mañana. Pero señalamos que, en ausencia de ciertas condiciones; la

victoria rápida es algo que sólo existe en la mente, y no en la realidad objetiva; es una mera ilusión, una teoría falsa. Por eso, después de haber hecho una apreciación objetiva y completa de todas las circunstancias, tanto las del enemigo como las nuestras, señalamos que el único camino que conduce a la victoria final es la estrategia de guerra prolongada, y rechazamos la teoría totalmente infundada de la victoria rápida. Sostenemos que nuestro deber es esforzarnos por lograr todas las condiciones indispensables para la victoria final, y que cuanto más plenamente y más pronto las logremos, más asegurada estará nuestra victoria y más temprano la conseguiremos. Creen los que sólo de este modo se puede abreviar la duración de la guerra, y rechazamos la teoría de la victoria rápida, que no es más que palabrería y un intento de conseguir las cosas a bajo precio.

Capítulo 6

¿POR QUE UNA GUERRA PROLONGADA?

30. Examinemos ahora el problema de la guerra prolongada. Únicamente sobre la base de todos los contrastes fundamentales entre el enemigo y nosotros, se puede dar una respuesta correcta a la pregunta: "¿Por qué una guerra prolongada? "Por ejemplo, si nos limitamos a argüir que el enemigo es una fuerte potencia imperialista en tanto que nosotros somos un débil país semicolonial y semifeudal, corremos el peligro de caer en la teoría de la subyugación nacional, pues el simple hecho de que el débil se oponga al fuerte no puede

producir como resultado, ni en la teoría ni en la práctica una lucha prolongada. Tampoco puede producirla el solo hecho de que uno sea grande y el otro pequeño, o uno progresista y el otro retrógrado, o el que uno cuente con amplio apoyo y el otro no. La anexión de un país pequeño por otro grande, o de uno grande por otro pequeño, son cosas que suceden corrientemente. Es frecuente que un país o fenómeno progresista, pero débil sea destruido por otro país o fenómeno retrógrado, pero fuerte. La amplitud del apoyo es un factor importante, y no obstante, secundario y su efecto depende de los factores básicos de ambos contendientes. Por eso, nuestra afirmación de que la Guerra de Resistencia contra el Japón será una guerra prolongada, es una conclusión derivada de la interrelación entre todos los factores del enemigo y los de nuestro país. El enemigo es fuerte y nosotros débiles; en esto reside el peligro de que seamos subyugados. Pero al mismo tiempo, el enemigo tiene sus puntos débiles, y nosotros, nuestras ventajas. Con nuestros esfuerzos, la ventaja del enemigo puede ser reducida, y sus defectos, agravados. Por otra parte, esforzándonos, podemos acrecentar nuestras ventajas y superar nuestro punto débil. Por consiguiente, podemos lograr la victoria final y evitar la subyugación, mientras que el enemigo será finalmente derrotado y no podrá evitar el derrumbamiento de todo su sistema imperialista.

31. Si la ventaja del enemigo reside en un solo aspecto, y en todos los demás se revelan sus puntos débiles, mientras nosotros tenemos un solo aspecto débil y los restantes constituyen nuestras ventajas, ¿por qué no ha producido esto, en el momento actual, una paridad de fuerzas, sino al contrario, superioridad del enemigo e inferioridad nuestra? Es evidente que no se puede abordar el problema de manera tan formal. El hecho es que la disparidad entre la fuerza del enemigo y la nuestra es ahora tan grande, que los defectos de aquél

aún no se han desarrollado ni pueden desarrollarse, por el momento, en la proporción necesaria para contrapesar su fortaleza, en tanto que nuestras ventajas tampoco se han desarrollado ni pueden desarrollarse, por el momento, en la proporción necesaria para compensar nuestra debilidad. Por lo tanto, todavía no puede haber paridad, sino disparidad.

32. Si bien nuestros esfuerzos por perseverar en la Guerra de Resistencia y mantener el frente único han modificado un tanto la correlación de fuerzas entre el enemigo y nosotros, no se ha producido, sin embargo, un cambio radical, por lo cual, en una etapa determinada de la guerra y en cierta medida; el enemigo obtendrá victorias y nosotros sufriremos derrotas. Pero ¿por qué las victorias enemigas y nuestras derrotas se limitarán a una determinada etapa y a cierta medida, sin poder sobrepasar dicha etapa ni llegar a ser una victoria total o una derrota completa? La razón reside, primero, en que desde el comienzo la fortaleza del enemigo y nuestra debilidad han sido relativas y no absolutas, y segundo, en que nuestros esfuerzos por perseverar en la Guerra de Resistencia y mantener el frente único han acentuado ese carácter relativo. Consideremos la situación desde el comienzo: si bien el enemigo es poderoso, su fortaleza ya se ve minada por los factores desfavorables, aunque todavía no en grado suficiente para destruir su superioridad. Por otra parte, si bien nosotros somos débiles, nuestra debilidad ya se ve compensada por los factores favorables, aunque todavía no en grado suficiente para superar nuestra inferioridad. Así resulta que el enemigo es relativamente fuerte y nosotros relativamente débiles, que aquél se encuentra en una posición relativamente superior y nosotros en una relativamente inferior. Para ambos lados, la fortaleza y la debilidad, la superioridad y la inferioridad no han sido jamás absolutas, y además, en el curso

de la guerra, nuestros esfuerzos por persistir en la Resistencia y en el frente único han modificado aún más la correlación inicial de fuerzas. Por consiguiente, las victorias del enemigo y nuestras derrotas se limitarán a una determinada etapa y a cierta medida, y de ahí que la guerra sea prolongada.

33. Pero la situación continuará modificándose. En el curso de la guerra, siempre que empleemos tácticas militares y políticas correctas, no cometamos errores de principio y hagamos los mayores esfuerzos, los factores desfavorables para el enemigo y los favorables para nosotros se desarrollarán a medida que se prolongue la guerra, lo que continuará modificando inevitablemente la correlación inicial de fuerzas y la posición relativa de los dos bandos. Cuando se llegue a una nueva etapa determinada, se producirá un gran cambio en la correlación de fuerzas y en la posición relativa de ambos lados, que desembocará en la derrota del enemigo y en nuestra victoria.

34. Por el momento, el enemigo aún puede, de un modo u otro, explotar su fortaleza; nuestra Guerra de Resistencia todavía no lo ha debilitado en lo fundamental. Su insuficiencia de recursos humanos y materiales no es aún lo bastante grave como para detener su ofensiva; por el contrario, esos recursos todavía le permiten continuarla hasta cierto punto. El carácter retrógrado y bárbaro de su guerra, factor que ha de intensificar los antagonismos de clase en el propio Japón y la resistencia de la nación china, no ha creado aún una situación que impida radicalmente la ofensiva del Japón. El aislamiento internacional del enemigo está creciendo, pero todavía no ha llegado a ser completo. En muchos países, que han expresado el deseo de ayudarnos, los capitalistas que negocian en armamento y materias primas estratégicas, dedicados sólo a la caza de ganancias,

continúan proporcionando al Japón inmensas cantidades de material bélico, en tanto que sus gobiernos aún no están dispuestos a aplicar, junto con la Unión Soviética, sanciones prácticas contra el Japón. Todo esto determina que nuestra Guerra de Resistencia no pueda triunfar rápidamente y sólo pueda ser una guerra prolongada. En cuanto a China, si bien en los terrenos militar, económico, político y cultural, en los que se pone de manifiesto su debilidad, ha realizado ciertos progresos durante los diez meses de Guerra de Resistencia, estos progresos, sin embargo, están todavía lejos de alcanzar el grado necesario para detener la ofensiva del enemigo y preparar nuestra contraofensiva. Más aún, desde el punto de vista cuantitativo, hemos tenido que sufrir ciertas pérdidas. Si bien todos los factores que nos son favorables actúan en sentido positivo, aún nos quedan por hacer ingentes esfuerzos para que dichos factores se desarrollen hasta un grado tal que nos permitan detener la ofensiva del enemigo y preparar nuestra contraofensiva. Todavía no se han convertido en hechos la eliminación de la corrupción y la aceleración del progreso en el país, ni el predominio sobre las fuerzas projaponesas y el aumento de las fuerzas antijaponesas en el extranjero. Todo esto también determina que nuestra guerra no pueda triunfar rápidamente y sólo pueda ser una guerra prolongada.

Capítulo 7

LAS TRES ETAPAS DE LA GUERRA PROLONGADA

35. Dado que la guerra chino-japonesa será una guerra prolongada y que la victoria final pertenecerá a China, se puede suponer con razón que en su desarrollo concreto esta guerra pasará por tres etapas. La primera es el período de ofensiva estratégica del enemigo y defensiva estratégica nuestra. La segunda será el período de consolidación estratégica del enemigo y preparación nuestra para la contraofensiva. La tercera, el de contraofensiva estratégica nuestra y retirada estratégica del enemigo. Es imposible predecir lo que ocurrirá concretamente en las tres etapas, pero a la luz de las condiciones actuales, se pueden señalar ciertas tendencias fundamentales del desarrollo de la guerra. El desarrollo de la realidad objetiva será extraordinariamente rico, variado y sinuoso, y nadie puede hacer un "horóscopo" de la guerra chino-japonesa; no obstante, para la dirección estratégica de la guerra, es necesario trazar un esquema de su desarrollo. Aunque nuestro esquema no puede coincidir exactamente con los futuros acontecimientos y ha de ser corregido por ellos, sigue siendo necesario trazarlo, con el objeto de dar a la guerra prolongada una dirección estratégica firme y bien definida.

36. La primera etapa de la guerra no ha concluido aún. El propósito del enemigo es ocupar Cantón, Wuján y Lanchou y unir

estos tres puntos. Para alcanzar este objetivo, el enemigo tendrá que utilizar por lo menos 50 divisiones, con cerca de 1.500.000 hombres, emplear de un año y medio a dos años y gastar más de l0.000 millones de yenes. Al penetrar tan profundamente en nuestro país, el enemigo encontrará inmensas dificultades y obtendrá desastrosos resultados. En cuanto a su intento de ocupar toda la línea del ferrocarril Cantón-Jankou y la carretera Sían-Lanchou, tiene que pasar, para ello, por muy arriesgadas batallas y es posible que, aun así, no logre plenamente su propósito. Sin embargo, es necesario que tomemos disposiciones para una guerra prolongada, basando nuestro plan de operaciones en el supuesto de que el enemigo consiga ocupar esos tres puntos y hasta algunas regiones más, así como enlazarlos entre sí, de modo que podamos enfrentarlo incluso en el caso de que logre su intento. La forma principal de lucha que debemos adoptar en esta etapa es la guerra de movimientos, complementada por la de guerrillas y la de posiciones. Si bien en la fase inicial de esta etapa, la guerra de posiciones fue colocada en primer plano debido a los errores subjetivos de las autoridades militares del Kuomintang, desde el punto de vista de la etapa en su conjunto, desempeñará de todos modos un papel auxiliar. En esta etapa se ha formado ya en China un amplio frente único y se ha logrado una unidad sin precedentes. Aunque el enemigo, en el intento de realizar su plan de decisión rápida y conquistar toda China sin mucho esfuerzo, ha recurrido y seguirá recurriendo a medios ruines y desvergonzados para inducir a China a la capitulación, hasta ahora ha fracasado, y difícilmente logrará éxito en el futuro. En esta etapa, China sufrirá grandes pérdidas, pero al mismo tiempo realizará notables progresos, que se convertirán en la base principal para la continuación de la Guerra de Resistencia en la segunda etapa. En la etapa actual, la Unión Soviética ha prestado ya una ayuda cuantiosa a China. En lo que respecta al enemigo, ya se observan señales del descenso de su moral, y el ímpetu ofensivo de sus tropas terrestres es ahora, en la fase media de esta etapa, menor que en la fase inicial, y disminuirá aún más en la fase final. Las finanzas y la economía del Japón empiezan a mostrar indicios de agotamiento; entre su población y sus soldados apunta el cansancio de la guerra, y en el seno de la camarilla que la dirige comienza a manifestarse la "decepción de la guerra" y crece el pesimismo respecto a las perspectivas del conflicto.

37. La segunda etapa puede ser denominada de equilibrio estratégico. Al final de la primera etapa, debido a su escasez de tropas y a nuestra firme resistencia, el enemigo se verá obligado a fijar, dentro de ciertos límites, el punto final de su ofensiva estratégica. Llegado a este punto, detendrá su ofensiva y entrará en la etapa de consolidación del territorio ocupado. En esta segunda etapa, el enemigo tratará de consolidar ese territorio, de apropiárselo recurriendo al engañoso método de establecer gobiernos títeres, y de saquear hasta el máximo al pueblo chino; pero entonces tendrá que enfrentar una tenaz guerra de guerrillas. Aprovechando que la retaguardia del enemigo está débilmente guarnecida, nuestra guerra de guerrillas habrá experimentado un amplio desarrollo en la primera etapa y se habrá creado muchas bases de apoyo, lo que constituirá una seria amenaza para el intento del enemigo de consolidar el territorio ocupado; así, durante la segunda etapa, seguirán entablándose operaciones militares en vastas zonas. En dicha etapa, nuestra forma de lucha será principalmente la guerra de guerrillas; complementada por la de movimientos. China contará todavía con un gran ejército regular, pero le será difícil pasar pronto a la contraofensiva estratégica, pues de un lado, el enemigo adoptará una posición estratégicamente defensiva en las grandes ciudades y a lo largo de las principales vías

de comunicación ocupadas por él, y del otro, las condiciones técnicas de China distarán aún de ser adecuadas. A excepción de las tropas dedicadas a defender los frentes, gran cantidad de nuestras fuerzas se trasladarán a la retaguardia enemiga para actuar en formaciones relativamente dispersas, y apoyándose en las zonas que el enemigo no haya ocupado y en coordinación con las fuerzas armadas de la población local, desencadenarán una vasta y violenta guerra de guerrillas contra las zonas ocupadas y, en la medida de sus posibilidades, obligarán al enemigo a desplazarse a fin de destruirlo en operaciones móviles, como se hace actualmente en la provincia de Shansí. En esta etapa, la guerra será cruel y muchas regiones del país sufrirán una grave devastación. Pero la guerra de guerrillas tendrá éxito y, de ser bien conducida, hará que el enemigo sólo pueda conservar aproximadamente una tercera parte del territorio ocupado, mientras que alrededor de dos terceras partes se encontrarán en nuestras manos. Esto constituirá una gran derrota para el enemigo y una gran victoria para China. Para entonces, todo el territorio ocupado por el enemigo estará dividido en tres categorías: bases enemigas, bases de apoyo de la guerra de guerrillas y zonas guerrilleras disputadas por ambas partes. La duración de esta etapa dependerá del grado en que cambie la correlación de fuerzas entre el enemigo y nosotros y de los cambios en la situación internacional. Hablando en general, debemos estar preparados para atravesar una etapa relativamente larga y recorrer un camino penoso. Será un período muy doloroso para China. El país enfrentará dos graves problemas: las dificultades económicas y las actividades de zapa de los colaboracionistas. El enemigo desplegará febrilmente sus actividades para socavar el frente único de China, y todas las organizaciones de los colaboracionistas en las zonas ocupadas se fusionarán para formar un "gobierno unificado ". Dentro de nuestras filas, debido a la pérdida de grandes ciudades y a las dificultades causadas por la guerra; los elementos vacilantes abogarán a voz en cuello por el compromiso, y el estado de ánimo pesimista alcanzará serias proporciones. Nuestras tareas entonces consistirán en movilizar a las masas populares de todo el país para que se unan como un solo hombre y perseveren con inquebrantable firmeza en la guerra; ampliar y consolidar el frente único; barrer todo pesimismo y toda idea de compromiso; promover el espíritu de tenacidad en la lucha, y poner en práctica una nueva política de tiempos de guerra, a fin de salir airosos de esta difícil prueba. En esta segunda etapa, tendremos que llamar a todo el país a mantener con decisión un gobierno unificado y oponerse a la división; tendremos que mejorar sistemáticamente nuestra técnica de combate, transformar el ejército, movilizar a todo el pueblo y prepararnos para la contraofensiva. En esta etapa, la situación internacional se tornará aún más desfavorable para el Japón, y aunque puedan surgir cantinelas del "realismo" tipo Chamberlain que se acomoda a los "hechos consumados", las principales fuerzas internacionales brindarán mayor ayuda a China. La amenaza del Japón contra el Sudeste de Asia y contra Siberia será mayor, e incluso es posible que estalle otra guerra. En lo que atañe al Japón, decenas de sus divisiones permanecerán irremediablemente empantanadas en China. La vasta guerra de guerrillas y el amplio movimiento popular antijaponés fatigarán a esta enorme fuerza enemiga, desgastándola en gran medida, por una parte, y por la otra, quebrantando su moral al avivar su nostalgia y acrecentar su sentimiento de apatía e incluso hostilidad hacia la guerra. Aunque no puede decirse que el Japón no logre absolutamente nada en su pillaje de China, sin embargo, falto de capital y hostigado por la guerra de guerrillas, no podrá obtener resultados rápidos ni sustanciales. Esta segunda etapa será la de transición de la guerra en su conjunto y también el periodo más duro, pero marcará su punto de viraje. El que China se convierta en país independiente o sea reducida a colonia, no lo determina la conservación o la pérdida de las grandes ciudades en la primera etapa, sino la magnitud del esfuerzo de toda la nación en la segunda. Si perseveramos en la Resistencia, en el frente único y en la guerra prolongada, China adquirirá en esta etapa la fuerza suficiente para convenirse de la parte débil en la fuerte. Este será el segundo de los tres actos en el drama de la Guerra de Resistencia de China. Con los esfuerzos de todos los actores, será posible representar un brillantísimo acto final.

38. La tercera etapa será la de nuestra contraofensiva para recuperar el territorio perdido. Su recuperación dependerá principalmente de la fuerza que China haya preparado en la etapa precedente y que continuará creciendo en la tercera. Pero la sola fuerza de China no será suficiente, y tendremos que contar con la ayuda de las fuerzas internacionales y con aquella representada por los cambios que se operen dentro del Japón; de otro modo no podremos triunfar. Esto aumenta las tareas de China en la propaganda para el extranjero y en las actividades diplomáticas. En esta etapa, ya no estaremos a la defensiva estratégica, sino que pasaremos a la contraofensiva estratégica, la cual asumirá la forma de ofensiva estratégica; en vez de seguir operando en líneas estratégicamente interiores, pasaremos poco a poco a operar en líneas estratégicamente exteriores. La guerra no podrá considerarse como terminada hasta que nuestro ejército llegue al río Yalu. La tercera etapa será la última de la guerra prolongada, y cuando hablamos de perseverar en la guerra hasta el final, queremos decir que es necesario recorrer toda esta etapa. En ella nuestra principal forma de lucha será, de nuevo, la guerra de movimientos, pero la guerra de posiciones ocupará un lugar destacado. Mientras en la primera etapa la defensa de posiciones no puede considerarse como

importante debido a las condiciones de este momento, el ataque a posiciones asumirá bastante importancia en la tercera etapa en virtud de los cambios producidos en las condiciones y debido a las exigencias de las tareas. En esta etapa, la guerra de guerrillas volverá a desempeñar un papel auxiliar, de apoyo estratégico a la guerra de movimientos y a la de posiciones, en lugar de ser la forma principal como en la segunda etapa.

39. En tales circunstancias es evidente que la guerra será prolongada y, por lo tanto, encarnizada. El enemigo no podrá engullirse por completo a China, pero sí ocupar muchas de sus regiones por un tiempo considerable. China no podrá expulsar con rapidez a los invasores japoneses, pero conservará en sus manos la mayor parte de su territorio. Al final, el enemigo será derrotado y nosotros venceremos; pero será preciso recorrer un penoso camino.

40. De esta guerra larga y encarnizada, el pueblo chino saldrá bien templado. Los partidos políticos que participan en la guerra también serán sometidos a temple y prueba. El frente único debe ser mantenido firmemente; sólo manteniéndolo podremos perseverar en la guerra, y sólo perseverando en el frente único y en la guerra podremos obtener la victoria final. Únicamente así conseguiremos superar todas las dificultades. Después de recorrer en la guerra el sendero escabroso, llegaremos al camino real de la victoria. Esta es la lógica natural de la guerra.

41. En las tres etapas, los cambios en la correlación de fuerzas entre el enemigo y nosotros se operarán según el orden siguiente: En la primera etapa, el enemigo es superior en fuerza y nosotros inferiores. Con respecto a esta inferioridad nuestra, es preciso tener en cuenta dos tipos diferentes de cambios que se producen desde

vísperas de la Guerra de Resistencia hasta el final de esta etapa. Los del primer tipo son cambios desfavorables. La inferioridad inicial de China se agrava con las pérdidas sufridas durante la primera etapa, es decir, disminución de territorio, población, recursos económicos, potencia militar e instituciones culturales. Dichas pérdidas podrán ser considerables hacia el final de la primera etapa, especialmente en el aspecto económico. Este hecho será explotado por algunos como argumento en favor de sus teorías de la subyugación nacional y del compromiso. Pero es preciso tener en cuenta los cambios del segundo tipo, los favorables: experiencia adquirida en la guerra, progreso en el ejército, progreso político, movilización del pueblo, desarrollo cultural en una nueva dirección, surgimiento de la guerra de guerrillas, aumento de la ayuda internacional, etc. En la primera etapa, lo que declina es la vieja cantidad y la vieja calidad, y este fenómeno es principalmente de orden cuantitativo. Lo que asciende es la nueva cantidad y la nueva calidad, y este fenómeno es principalmente de orden cualitativo. Los cambios del segundo tipo nos proporcionan una base para sostener una guerra prolongada y lograr la victoria final.

42. En la primera etapa, también se producen dos tipos de cambios en el bando enemigo. Los del primer tipo son cambios desfavorables, que representan centenares de miles de bajas, consumo de armas y municiones, descenso de la moral de las tropas, descontento del pueblo japonés, disminución del comercio, gasto de más de diez mil millones de yenes, condenación de la opinión pública mundial, etc. Esto nos proporciona otra base para sostener una guerra prolongada y lograr la victoria final. Pero asimismo deben tenerse en cuenta los cambios del segundo tipo, los favorables, en el bando enemigo: aumento de territorio, habitantes y recursos materiales en su poder. Esto también constituye una razón para

probar que nuestra Guerra de Resistencia será prolongada y que la victoria rápida es imposible; al mismo tiempo, algunos lo explotarán como argumento en favor de sus teorías de la subyugación nacional y del compromiso. No obstante, debemos tener en cuenta el carácter transitorio y parcial de estos cambios favorables en el campo enemigo. EL Japón es una potencia imperialista condenada al derrumbamiento, y su ocupación de territorio chino no puede ser sino temporal. El vigoroso desarrollo de la guerra de guerrillas de China restringirá de hecho su esfera de ocupación a estrechas miras: Además, su ocupación de territorio chino ha engendrado nuevas contradicciones entre el Japón y otros países y profundizado las que ya existían. Más aún, como lo demuestra la experiencia en las tres provincias del Nordeste, en general esta ocupación sólo significará para el Japón, durante un período considerable, inversión de capital y no obtención de ganancias. Todo esto nos proporciona asimismo argumentos para desbaratar las teorías de la subyugación nacional y del compromiso y establecer las de la guerra prolongada y de la victoria final.

43. En la segunda etapa, continuarán desarrollándose en ambos bandos los cambios antes mencionados; aunque no se puede predecir en detalle la situación, en términos generales podemos afirmar que el Japón continuará en descenso y China en ascenso. Por ejemplo, el Japón sufrirá un cuantioso desgaste de sus recursos militares y financieros a causa de la guerra de guerrillas de China; crecerá el descontento entre su población; bajará aún más la moral de sus tropas, y su aislamiento internacional se agravará. En cuanto a China, habrá progresos aún mayores en lo político, militar y cultural y en la movilización del pueblo; se desarrollará aún más la guerra de guerrillas; su economía experimentará cierto desarrollo nuevo sobre la base de la pequeña industria y la agricultura de las vastas zonas

del interior del país; la ayuda internacional aumentará en forma gradual, y el cuadro entero ofrecerá un aspecto muy distinto del actual. La segunda etapa probablemente durará un tiempo bastante largo, durante el cual se producirán grandes cambios en la correlación de fuerzas: China se elevará poco a poco y el Japón declinará más y más. China saldrá de su inferioridad y el Japón perderá su superioridad, de modo que, tras un período de paridad, la correlación de fuerzas entre los dos países quedará invertida. Entonces China habrá completado en lo fundamental sus preparativos para la contraofensiva estratégica y entrará en la etapa de contraofensiva y de expulsión del enemigo. Es necesario subrayar una vez más que el cambio de inferioridad en superioridad y la conclusión de los preparativos para la contraofensiva implican el aumento de la fuerza de China, de las dificultades del Japón y de la ayuda internacional que recibamos. La combinación de estos factores asegurará a China la superioridad y le permitirá dar cima a los preparativos para su contraofensiva.

44. Debido a la desigualdad del desarrollo político y económico de China, la contraofensiva estratégica de la tercera etapa no será, en su fase inicial, uniforme y armoniosa en todo el país, sino que tendrá un carácter zonal, ascendiendo en un lugar y descendiendo en otro. Durante esta etapa, el enemigo no cejará en sus intentos de escindir por todos los medios posibles el frente único de China, por lo cual la tarea de mantener la unidad interna del país se tornará aún más importante, y tendremos que velar porque la contraofensiva estratégica no se malogre a mitad de camino por disensiones internas. En este período, la situación internacional se volverá muy favorable para nosotros. La tarea de China será aprovecharla para alcanzar su total liberación y establecer un Estado democrático

independiente, lo cual ayudará, a su vez, al movimiento antifascista mundial.

45. China pasará de la inferioridad a la paridad de fuerzas, y luego a la superioridad; el Japón, de la superioridad a la paridad, y luego a la inferioridad: China pasará de la defensiva al equilibrio, y luego a la contraofensiva; el Japón, de la ofensiva a la consolidación, y luego a la retirada. He aquí el proceso de la guerra chino-japonesa y su curso lógico.

46. Así, llegamos a las siguientes conclusiones para las preguntas planteadas: ¿Será China subyugada? Respuesta: No, no lo será, y la victoria final será suya. ¿Puede China vencer rápidamente? Respuesta: No, no puede vencer rápidamente, y la guerra tiene que ser prolongada. ¿Son correctas estas conclusiones? Creo que sí.

47. Al llegar a este punto, los partidarios de las teorías de la subyugación nacional y del compromiso se presentarán nuevamente a decir: Para pasar de la inferioridad a la paridad, China necesitará una potencia militar y económica igual a la del Japón, y para pasar de la paridad a la superioridad, necesitará una potencia militar y económica superior a la del Japón; pero como esto es imposible, las conclusiones precedentes son incorrectas.

48. Esta es la llamada teoría de que "las armas lo deciden todo", teoría mecanicista y punto de vista subjetivo y unilateral sobre el problema de la guerra. Nuestro punto de vista es opuesto a esta teoría; no sólo tenemos en cuenta las armas, sino también los hombres. Las armas son un factor importante en la guerra, pero no el decisivo. El factor decisivo es el hombre, y no las cosas. La correlación de fuerzas es determinada no sólo por la potencia militar

y económica, sino también por los recursos humanos y el apoyo popular. La potencia militar y económica es manejada por el hombre Si la gran mayoría de los chinos, de los japoneses y de la población de otros países se colocan del lado de nuestra Guerra de Resistencia, ¿podrá considerarse como superioridad la potencia militar y económica que una ínfima minoría del Japón detenta por la fuerza? Y si no puede considerarse así, ¿no pasará entonces China a ser superior, a pesar de disponer de una fuerza militar y económica relativamente inferior? Está fuera de toda duda que la potencia militar y económica de China crecerá en forma gradual, siempre que China persevere en la Guerra de Resistencia y en el frente único. En cuanto a nuestro enemigo, que será debilitado por la larga guerra y las contradicciones internas y externas, su potencia militar y económica sufrirá inevitablemente un cambio en sentido inverso. En tales circunstancias, ¿acaso no podrá China convenirse en superior? Y esto aún no es todo. En el momento actual todavía no podemos contar manifiesta y ampliamente con la potencia militar y económica de otros países, pero ¿acaso tampoco podremos hacerlo en el futuro? Si el adversario del Japón no es sólo China, si en el futuro uno o varios países emplean abiertamente una parte considerable de su potencia militar y económica para defenderse del Japón o atacarlo y nos ayudan abiertamente, entonces ¿no será aún mayor nuestra superioridad? El Japón es un país pequeño, sostiene una guerra retrógrada y bárbara, y quedará cada vez más aislado en el plano internacional. China es un país grande, realiza una guerra progresista y justa, y gozará de un apoyo internacional cada vez mayor. Después de un largo periodo de desarrollo, ¿no invertirán todos estos factores, en forma definitiva, la relación de superioridad e inferioridad entre el enemigo y nosotros?

49. Los partidarios de la teoría de la victoria rápida, sin embargo, no comprenden que la guerra es una pugna de fuerzas, y tratan de

dar batallas estratégicamente decisivas para acortar el camino de la liberación, antes de que se haya producido un determinado cambio en la correlación de fuerzas entre los contendientes. Esto también es infundado. Si pusieran en práctica sus ideas, se estrellarían inevitablemente contra el muro. O quizás hablen sólo por el placer de hablar, sin la intención de ponerlas realmente en práctica. A la postre, su señoría la Realidad vendrá y arrojará un balde de agua fría sobre estos charlatanes, mostrándolos como simples fabricantes de frases que buscan obtener las cosas a bajo precio, que sueñan con cosechar sin haber sembrado. Este tipo de charlatanería ha existido y existe, aunque no está muy difundida. Es posible que aumente cuando la guerra llegue a la etapa de equilibrio y a la de contraofensiva. Pero, entretanto, si China sufre pérdidas relativamente importantes en la primera etapa, y si la segunda se prolonga mucho, se pondrán más en boga las teorías de la subyugación nacional y del compromiso. Por lo tanto, nuestro fuego debe dirigirse principalmente contra estas teorías, y sólo en segundo lugar contra la cháchara sobre la victoria rápida.

50. Ya está fuera de duda que la guerra será prolongada; pero nadie puede predecir con exactitud cuántos años y meses durará, pues ello depende por completo de la medida en que cambie la correlación de fuerzas entre el enemigo y nosotros. Todos aquellos que quieren abreviar la duración de la guerra, no tienen otro recurso que esforzarse por aumentar nuestra propia fuerza y reducir la del enemigo. Hablando concretamente, el único camino es el de esforzarnos en ganar más batallas y desgastar a las tropas enemigas; en desarrollar la guerra de guerrillas para reducir al mínimo el territorio ocupado por el enemigo; en consolidar y ampliar el frente único para unir las fuerzas de toda la nación; en formar un nuevo ejército y desarrollar una nueva industria de guerra; en promover el

progreso político, económico y cultural; en movilizar a los obreros, campesinos, hombres de negocios, intelectuales y otros sectores del pueblo; en desintegrar a las tropas enemigas y ganarnos a sus soldados; en realizar propaganda para el exterior a fin de conseguir la ayuda internacional, y en ganarnos el apoyo del pueblo japonés y de las naciones oprimidas. Sólo haciendo todo esto podremos abreviar la duración de la guerra. No hay ningún atajo posible.

Capítulo 8

GUERRA DE INTERPENETRACION

51. Podemos decir con certeza que la Guerra de Resistencia contra el Japón, guerra prolongada, escribirá una página gloriosa y excepcional en la historia de las guerras de la humanidad. Una de las peculiaridades notables de esta guerra es su carácter de interpenetración, producto de factores contradictorios como la barbarie y la escasez de tropas del Japón, por un lado, y el carácter progresista de China y su extenso territorio, por el otro. En la historia ha habido otras guerras de interpenetración, como la guerra civil de tres años en Rusia después de la Revolución de Octubre. Pero lo que distingue a este tipo de guerra en China es su duración y amplitud excepcionales; en este sentido establecerá una nueva marca en la historia. La interpenetración se manifiesta en los siguientes rasgos.

52. Líneas interiores y exteriores. La Guerra de Resistencia contra el Japón se realiza, en su conjunto, en líneas interiores. Pero, en cuanto a la relación entre las tropas regulares y las guerrillas, las primeras operan en líneas interiores y las últimas, en exteriores, ofreciendo un cuadro extraordinario de tenazas en torno al enemigo. Lo mismo puede decirse respecto a la relación entre las distintas zonas guerrilleras. Desde su propio punto de vista, cada zona guerrillera se encuentra en líneas interiores, y las demás, en exteriores, formando así una multitud de líneas de fuego entre las

cuales se halla atenazado el enemigo. En la primera etapa de la guerra, el ejército regular, que opera estratégicamente en líneas interiores, se repliega, mientras las guerrillas, que operan estratégicamente en líneas exteriores, avanzan por amplias zonas a pasos agigantados sobre la retaguardia enemiga, continuando este avance, con mayor ímpetu aún, en la segunda etapa. De esta forma, se produce una combinación extremadamente original de repliegue y avance.

53. Existencia y ausencia de retaguardia. Las tropas regulares, que tienen su frente de operaciones en los límites exteriores del territorio ocupado por el enemigo, se apoyan en la retaguardia general del país. Las guerrillas, que tienen el suyo en la retaguardia enemiga, están separadas de la retaguardia general del país. Pero cada zona guerrillera posee una pequeña retaguardia, sobre la cual se apoya para establecer un frente móvil de operaciones. Es diferente el caso de los destacamentos guerrilleros enviados de una zona guerrillera a la retaguardia enemiga situada en la misma región para efectuar actividades temporales. Estos destacamentos no tienen ni retaguardia ni frente de operaciones. Las "operaciones sin retaguardia" constituyen un rasgo peculiar de la guerra revolucionaria en la nueva época, en un país que cuenta con un vasto territorio; un pueblo progresista y un partido político y ejército avanzados. No hay ninguna razón para temer las operaciones de este tipo, ya que únicamente pueden reportar provecho; en vez de ponerlas en tela de juicio, hay que promoverlas.

54. Cerco y contracerco. Tomando la guerra en su conjunto, no cabe duda de que nos encontramos cercados estratégicamente por el enemigo; por cuanto éste se halla a la ofensiva estratégica y opera en líneas exteriores, mientras nosotros estamos a la defensiva

estratégica y operamos en líneas interiores. Este es el primer tipo de cerco que nos impone el enemigo. Debido a que, con relación a las fuerzas enemigas que desde líneas estratégicamente exteriores avanzan sobre nosotros en varias columnas, aplicamos el principio de operaciones en líneas exteriores en campañas y combates empleando fuerzas numéricamente superiores, podemos cercar a una o varias de esas columnas enemigas. Este es el primer tipo de contracerco que imponemos al enemigo. Luego, si se consideran por separado las bases de apoyo guerrilleras en la retaguardia enemiga, cada una de ellas está rodeada por el enemigo, ya sea por todos lados, como la zona de las montañas Wutai, ya sea por tres lados, como el Noroeste de Shansí. Este es el segundo tipo de cerco que nos impone el enemigo. Sin embargo, si consideramos las diversas bases de apoyo guerrilleras en su vinculación mutua y cada una en su relación con las posiciones de las fuerzas regulares, vemos que, a nuestra vez, rodeamos a una gran cantidad de fuerzas enemigas. En la provincia de Shansí, por ejemplo, hemos rodeado el ferrocarril Tatung-Puchou por tres lados (Este, Oeste y extremo sur) y la ciudad de Taiyuán por todos lados. En las provincias de Jopei y Shantung también se pueden encontrar muchos ejemplos similares. Este es el segundo tipo de contracerco que imponemos al enemigo. De este modo, existen dos tipos de cerco recíproco entre nosotros y el enemigo, más o menos como en una partida de weichi. Las campañas y combates entre ambos bandos se asemejan a la toma de piezas y el establecimiento de puntos de apoyo del enemigo (como la ciudad de Taiyuán) y de nuestras bases de apoyo guerrilleras (como las montañas Wutai), a las jugadas para dominar espacios en el tablero. Si se amplía la partida de weichi a una escala mundial, entonces habrá todavía un tercer tipo de cerco recíproco, o sea, la interrelación entre el frente de la agresión y el de la paz. Con el primer frente, el enemigo cerca a países como China, la Unión

Soviética, Francia y Checoslovaquia, en tanto que nosotros, con el segundo frente, imponemos el contracerco a Alemania, el Japón e Italia. Pero nuestro cerco, al igual que la mano de Buda, se convertirá en una Montaña de los Cinco Elementos que atraviese todo el Universo, y los Sun Wu-kung modernos — los agresores Fascistas — serán fácilmente enterrados debajo de ella, para no levantarse más. Por eso, si en el plano internacional logramos crear un frente antijaponés en la región del Pacífico, con China como una unidad estratégica, con la Unión Soviética y otros países que puedan incorporarse a él como otras tantas unidades estratégicas, y con el movimiento del pueblo japonés como una unidad estratégica más, formaremos una gigantesca red mundial de la que los Sun Wu-kung fascistas no podrán escapar; entonces habrá llegado el día final para nuestro enemigo. Efectivamente, el momento en que se forme, en lo esencial, esta red mundial, será sin duda el día del derrumbamiento total del imperialismo japonés. Esto no es de ninguna manera una broma; se trata de la tendencia inevitable de la guerra.

55. Zonas grandes y pequeñas. Existe la posibilidad de que el enemigo se apodere de la mayor parte del territorio chino al Sur de la Gran Muralla, y que sólo permanezca intacta la parte menor. Este es un aspecto de la situación. Mas, dentro de esta parte mayor a diferencia de las tres provincias del Nordeste, el enemigo sólo podrá ocupar realmente las grandes ciudades, las principales vías de comunicación y algunos sectores de las llanuras, es decir, objetivos de primer orden en cuanto a su importancia, pero que, por su extensión y población, constituirán probablemente la parte menor del territorio ocupado, en tanto que las zonas guerrilleras, que se desarrollarán por doquier, constituirán la parte mayor. Este es otro aspecto de la situación. Ahora, si no nos circunscribimos al territorio situado al Sur de la Gran Muralla y tomamos en cuenta Mongolia,

Sinchiang, Chingjai y el Tíbet, las zonas no ocupadas seguirán constituyendo la parte mayor del territorio de China, mientras las zonas ocupadas por el enemigo, aun incluyendo las tres provincias del Nordeste, representarán tan sólo la parte menor. Este es el tercer aspecto de la situación. Las regiones no ocupadas tienen, por supuesto, una gran importancia para nosotros, y debemos consagrar grandes esfuerzos a su desarrollo, no sólo en los terrenos político, militar y económico, sino también, y esto es igualmente importante, en el cultural. El enemigo ha transformado nuestros antiguos centros de cultura en zonas culturalmente atrasadas, y nosotros, a nuestra vez, tenemos que transformar las antiguas zonas culturalmente atrasadas en centros de cultura. Por otra parte, es también de suma importancia la tarea de desarrollar las extensas zonas guerrilleras en la retaguardia enemiga, y debemos llevarla a cabo en todos los terrenos, incluido el cultural. En resumen, las grandes zonas rurales de China se convertirán en regiones de progreso y luz, mientras que las pequeñas zonas ocupadas por el enemigo, en especial las grandes ciudades, se convertirán temporalmente en islotes de atraso y tinieblas.

56. Así vemos como la larga y vasta Guerra de Resistencia contra el Japón será una guerra de interpenetración en los aspectos militar, político, económico y cultural, magnífico espectáculo en la historia de las guerras, heroica empresa de la nación china, grandiosa proeza que conmoverá a toda la Tierra.

Esta guerra no sólo influirá sobre China y el Japón, impulsando grandemente el progreso de ambos países, sino también sobre el mundo entero, impulsando el progreso de todas las naciones, y antes que nada, de las naciones oprimidas, como la India. Todos los chinos deben participar con plena conciencia en esta guerra de interpenetración; ésta es la forma de guerra mediante la cual la nación china lucha por su propia liberación, la forma peculiar de la guerra de liberación sostenida por un país grande y semicolonial en los años 30 y 40 del siglo XX.

Capítulo 9

GUERRA POR UNA PAZ PERDURABLE

57. La naturaleza prolongada de la Guerra de Resistencia de China contra el Japón es inseparable de la lucha por una paz perdurable en China y en el mundo entero. En ninguna época histórica ha estado la guerra tan próxima como hoy a una paz perdurable. Como resultado de la aparición de las clases, la vida de la humanidad a lo largo de milenios ha estado llena de guerras. Son incontables las que ha sostenido cada nación, ya dentro del marco nacional, ya contra otras naciones. En la etapa imperialista del desarrollo de la sociedad capitalista, las guerras han adquirido una envergadura y un encarnizamiento excepcionales. La Primera Gran Guerra imperialista, ocurrida hace veinte años, fue una guerra sin parangón en la historia, más no la última. Sólo la que ha comenzado ahora está cerca de ser la última, es decir, está próxima a la paz perdurable de la humanidad. Hasta hoy, una tercera parte de la población mundial ha entrado en la guerra: Italia, luego el Japón; Abisinia, después España, luego China. La población de los países beligerantes suma ahora cerca de seiscientos millones, o sea, casi un tercio de la población mundial. Los rasgos peculiares de la guerra actual son su carácter ininterrumpido y su proximidad a la paz perdurable. ¿Por qué es ininterrumpida? Luego de invadir Abisinia, Italia agrede a España, y Alemania se asocia a la agresión. Después, el Japón ataca a China. ¿Qué vendrá a continuación? No cabe duda de que Hitler

combatirá contra las grandes potencias. "El fascismo es la guerra"; esto es completamente cierto. No habrá interrupción alguna en la transformación de la guerra actual en una guerra mundial; la humanidad no podrá eludir la calamidad de la guerra. ¿Por qué decimos entonces que esta guerra está próxima a la paz perdurable? La guerra actual es el resultado del desarrollo de la crisis general del capitalismo mundial, que comenzó con la Primera Guerra Mundial; esta crisis general empuja a los países capitalistas a entrar en un nuevo conflicto bélico y, sobre todo, a los países fascistas a emprender nuevas aventuras bélicas. Se puede prever que esta guerra no salvará al capitalismo, sino que lo aproximará a su ruina: Esta guerra será más vasta y encarnizada que la de hace veinte años, abarcará inevitablemente a todas las naciones y será muy prolongada; la humanidad soportará grandes sufrimientos. Pero en el curso de ella, debido a la existencia de la Unión Soviética y a la elevación de la conciencia política de los pueblos del mundo, surgirán sin duda grandiosas guerras revolucionarias para oponerse a todas las guerras contrarrevolucionarias, confiriendo así a esta guerra el carácter de lucha por una paz perdurable. Aunque más tarde haya todavía otro período de guerra, ya no estará muy lejos la paz perdurable en el mundo entero. Una vez que la humanidad haya eliminado el capitalismo, entrará en la era de la paz perdurable, y ya no será necesaria la guerra. No se necesitarán entonces ejércitos, buques de guerra, aviones militares ni gases tóxicos. El hombre ya no volverá a ver la guerra por los siglos de los siglos. Las guerras revolucionarias que han comenzado son parte de esta guerra por la paz perdurable. El conflicto entre China y el Japón, países que tienen una población total de más de quinientos millones, ocupará un lugar importante en esta guerra por la paz perdurable, y de ella saldrá la liberación de la nación china. La nueva China liberada, la China del futuro, será inseparable del nuevo mundo liberado. De ahí que nuestra Guerra de Resistencia contra el Japón adquiera el carácter de lucha por una paz perdurable.

58.   La historia demuestra que las guerras se dividen en dos clases: las justas y las injustas. Todas las guerras progresistas son justas, y todas las que impiden el progreso son injustas. Los comunistas nos oponemos a todas las guerras injustas, que impiden el progreso, pero no estamos en contra de las guerras justas, progresistas. Los comunistas lejos de oponernos a estas últimas, participamos activamente en ellas. . Entre las guerras injustas, la Primera Guerra Mundial fue un caso en que ambos bandos pelearon por intereses imperialistas; por lo tanto, los comunistas del mundo entero se opusieron resueltamente a ella. La forma de combatir una guerra de este tipo es hacer cuanto se pueda por prevenirla antes de que estalle y, si llega a estallar, oponer la guerra a la guerra, oponer la guerra justa a la injusta, tan pronto como sea posible. La guerra que realiza el Japón es una guerra injusta, que impide el progreso, y todos los pueblos del mundo, incluido el japonés, deben oponerse y de hecho se oponen a ella. En China, todos, desde el pueblo hasta el gobierno, desde el Partido Comunista hasta el Kuomintang, han levantado la bandera de la justicia y realizan una guerra revolucionaria nacional contra la agresión. Nuestra guerra es sagrada y justa, es progresista y aspira a la paz. No sólo aspira a la paz de un país, sino también a la de todo el mundo, y no sólo a una paz temporal, sino a una paz perdurable. Para lograr este objetivo, debemos sostener una lucha a muerte, estar preparados para cualquier sacrificio, perseverar hasta el fin y no detenernos jamás antes de alcanzar la meta. Serán grandes los sacrificios y hará falta mucho tiempo, pero ya aparece con nitidez ante nosotros un mundo nuevo donde reinarán para siempre la paz y la luz. La convicción con que hacemos esta guerra se basa precisamente en que estamos

luchando por una nueva China y un nuevo mundo de paz y luz perdurables. El fascismo y el imperialismo quieren perpetuar las guerras, pero nosotros queremos acabar con ellas en un futuro no muy lejano. Para conseguir este fin, la gran mayoría de la humanidad debe esforzarse al máximo. Los 450 millones de chinos constituyen una cuarta parte de la población del mundo, y si mediante sus esfuerzos mancomunados logran aplastar al imperialismo japonés y crear una nueva China libre e igual en derechos, habrán hecho indudablemente una inmensa contribución a la lucha por una paz perdurable en todo el mundo. Esta no es una esperanza vana, pues el mundo entero ya se aproxima a este punto en el curso de su desarrollo social y económico; y a condición de que la mayoría de los hombres redoble sus esfuerzos, nuestro objetivo será de seguro alcanzado dentro de algunas décadas.

Capítulo 10

ACTIVIDAD CONSCIENTE EN LA GUERRA

59. Con todo lo dicho hasta aquí se ha explicado por qué la guerra será prolongada y por qué la victoria final pertenecerá a China, y principalmente se ha tratado de los problemas de "qué es" y "qué no es" esta guerra. Pasemos ahora a los problemas de "qué hacer" y "qué no hacer". ¿Cómo llevar adelante la guerra prolongada? ¿Cómo lograr la victoria final? Estas son las preguntas a las que vamos a responder. Para ello explicaremos por orden los siguientes problemas: actividad consciente en la guerra; guerra y política;

movilización política para la Guerra de Resistencia; objetivo de la guerra; ofensiva dentro de la defensiva, operaciones de decisión rápida dentro de la guerra prolongada y líneas exteriores dentro de líneas interiores; iniciativa, flexibilidad y planificación; guerra de movimientos, guerra de guerrillas y guerra de posiciones; guerra de aniquilamiento y guerra de desgaste; posibilidades de explotar los errores del enemigo; batallas decisivas en la Guerra de Resistencia contra el Japón; ejército y pueblo, base de la victoria. Comencemos por el problema de la actividad consciente.

60. Cuando hablamos de oposición al enfoque subjetivo de los problemas, queremos decir que debemos oponernos a las ideas que no se basan en los hechos objetivos o no concuerdan con ellos, porque tales ideas son fruto de la imaginación o de falsos razonamientos, y nos conducirán al fracaso si actuamos conforme a ellas. Pero todo cuanto se hace es hecho por el hombre; la guerra prolongada y la victoria final no serán posibles sin el esfuerzo humano. Para que sea eficaz ese esfuerzo, el hombre tiene que concebir, partiendo de los hechos objetivos, ideas, principios y criterios, y elaborar planes, orientaciones, política, estrategia y táctica. Las ideas, principios, etc. son lo subjetivo, en tanto que la práctica o acciones son lo subjetivo traducido en lo objetivo; tanto aquéllos como éstas representan la actividad peculiar del hombre. A esta actividad la llamamos "actividad consciente", rasgo que diferencia a los hombres de los demás seres. Toda idea basada en los hechos objetivos y que corresponde a ellos, es correcta; y toda práctica o acción basada en ideas correctas, es igualmente correcta. Debemos poner plenamente en juego esas ideas y acciones, esa actividad consciente. La Guerra de Resistencia contra el Japón tiene como objetivo expulsar al imperialismo y transformar la vieja China en una nueva. Para ello es indispensable movilizar a todo el pueblo

chino y poner en pleno juego su actividad consciente para la resistencia al Japón. Si permaneciéramos de brazos cruzados, seríamos subyugados y no habría ni guerra prolongada ni victoria final.

61. La actividad consciente es un rasgo característico del hombre, quien lo manifiesta intensamente en la guerra. La victoria o la derrota en una guerra depende, por supuesto, de las condiciones militares, políticas, económicas y geográficas de ambos bandos, de la naturaleza de la guerra que hace cada uno y del apoyo internacional de que uno y otro gozan, pero no sólo de estos factores; todos ellos no hacen más que proporcionar la posibilidad de la victoria o la derrota, y no deciden por sí solos el desenlace de la guerra. Para decidirlo, es preciso agregar el esfuerzo subjetivo, esto es, la dirección y realización de la guerra, la actividad consciente en ella.

62. Quienes dirigen una guerra no pueden pretender ganarla traspasando los límites impuestos por las condiciones objetivas, pero si pueden y deben, dentro de tales límites, esforzarse con su actividad consciente por alcanzar la victoria. El escenario de la acción para los mandos de una guerra debe construirse dentro de lo que permiten las condiciones objetivas, pero en este escenario pueden dirigir la representación de muchos dramas marciales, grandiosos y llenos de sonido y color. Sobre la base material objetiva dada, los mandos de la Guerra de Resistencia deben poner en juego su capacidad y conducir a todas sus fuerzas para aplastar a los enemigos de la nación, transformar la situación actual en que nuestra sociedad y nuestro país sufren la agresión y la opresión, y crear una nueva China libre e igual en derechos; es en este sentido que puede y debe ejercerse nuestra capacidad subjetiva para dirigir la guerra. No

queremos que ninguno de nuestros mandos de la Guerra de Resistencia se aparte de las condiciones objetivas y se convierta en un impulsivo que actúe de manera arrebatada, pero debemos alentar a cada uno de ellos para que se transforme en un jefe valeroso y sagaz: Nuestros mandos deben poseer no sólo el denuedo necesario para aplastar al enemigo, sino también la capacidad para dominar el curso entero de la guerra en todas sus vicisitudes y en todo su desarrollo. Nadando en el océano de la guerra, un mando no sólo debe evitar hundirse, sino también asegurarse la llegada a la orilla opuesta con brazadas medidas. La estrategia y la táctica, como leyes de la dirección de la guerra, constituyen el arte de nadar en el océano de la guerra.

Capítulo 11

GUERRA Y POLÍTICA

63. "La guerra es la continuación de la política." En este sentido, la guerra es política, y es en sí misma una acción política. No ha habido jamás, desde los tiempos antiguos, una guerra que no haya tenido carácter político. La Guerra de Resistencia contra el Japón es una guerra revolucionaria de toda la nación, y la victoria es inseparable del objetivo político de esta Guerra — expulsar al imperialismo japonés y crear una nueva China libre e igual en derechos —; inseparable de la política general de perseverar en la Resistencia y mantener el frente único; de la movilización de todo el pueblo; de los principios políticos de unidad entre oficiales y soldados, unidad entre ejército y pueblo y desintegración de las fuerzas enemigas; de la aplicación eficaz de la política de frente único; de la movilización cultural, y de los esfuerzos por ganar el apoyo internacional, incluido el del pueblo japonés. En una palabra, la guerra no puede separarse ni un solo instante de la política. Toda tendencia entre los militares antijaponeses a menospreciar la política, aislando la guerra de ella y abogando por la idea de que la guerra es algo absoluto, es errónea y debe ser corregida.

64. Pero la guerra tiene sus peculiaridades; en este sentido, no equivale a la política en general. "La guerra es la continuación de la política por otros medios." Cuando la política llega a cierta etapa de su desarrollo, más allá de la cual no puede proseguir por los medios

habituales, estalla la guerra para barrer el obstáculo del camino. Por ejemplo, la situación semiindependiente de China constituye un obstáculo para el desarrollo de la política del imperialismo japonés, y por lo tanto, el Japón ha iniciado su guerra de agresión para eliminar ese obstáculo. ¿Y China? La opresión imperialista constituye desde hace mucho tiempo un obstáculo para la revolución democrático-burguesa de China, y por ello se han sostenido numerosas guerras de liberación, con la intención de eliminarlo. Como el Japón utiliza ahora la guerra para oprimir a China y cerrar por completo el camino a su revolución, China no tiene más remedio que emprender la Guerra de Resistencia contra el Japón, decidida a barrer este obstáculo. Cuando se haya eliminado el obstáculo y conseguido el objetivo político, terminará la guerra. Mientras no se elimine por completo el obstáculo, la guerra tendrá que continuar hasta lograr el objetivo. Por ejemplo, mientras no se cumpla la tarea de la resistencia al Japón, toda tentativa de compromiso fracasará inevitablemente, pues aun cuando, por una u otra razón, se llegase a un compromiso, la guerra volvería a estallar, ya que sin duda las amplias masas populares no se resignarían a ello, y continuarían la guerra hasta la completa realización del objetivo político de la misma. Por consiguiente, se puede decir que la política es guerra sin derramamiento de sangre, en tanto que la guerra es política con derramamiento de sangre.

65. Los rasgos peculiares de la guerra hacen surgir un conjunto de organizaciones especiales; una serie de métodos particulares y un proceso específico de la guerra. Las organizaciones son las fuerzas armadas y cuanto a ellas es anejo. Los métodos son la estrategia y la táctica para dirigir la guerra. El proceso es la forma particular de actividad social en que las fuerzas beligerantes atacan o se defienden empleando una estrategia y una táctica favorables para sí y

desfavorables para el enemigo. Por lo tanto, la experiencia de la guerra es una experiencia especial. Todos cuantos participan en la guerra deben desprenderse de los hábitos corrientes y adaptarse a ella, a fin de poder ganarla.

Capítulo 12

MOVILIZACION POLITICA PARA LA GUERRA DE RESISTENCIA

66.   Una guerra revolucionaria nacional tan grandiosa no puede triunfar sin una amplia y profunda movilización política. Antes de la Guerra de Resistencia no hubo una movilización política para la resistencia al Japón; ésta fue una enorme falla de China, y debido a ello perdimos una jugada ante el enemigo. Después de iniciada la Resistencia, la movilización política estuvo lejos de ser general, y no hablemos ya de su falta de profundidad. Fueron los cañonazos y el bombardeo aéreo del enemigo los que hicieron llegar la noticia de la guerra a la gran mayoría del pueblo. Eso también constituyó una forma de movilización, pero no fue realizada por nosotros, sino por el enemigo. Los habitantes de las regiones remotas, a las cuales no llega el ruido del cañoneo, viven aún en una tranquilidad que nada turba. Esta situación debe cambiar, pues de lo contrario no podremos salir victoriosos en esta guerra de vida o muerte. En ningún caso debemos perder otra jugada ante el enemigo; por el contrario, debemos explotar a fondo esa jugada, la movilización

política, para vencer al enemigo. Dicha jugada es decisiva; es realmente un asunto de importancia primordial, en tanto que nuestra inferioridad en armamento y otros aspectos es lo secundario. La movilización de todo el pueblo formará un vasto mar para ahogar al enemigo, creará las condiciones que habrán de compensar nuestra inferioridad en armas y otros elementos, y proporcionará los requisitos previos para superar todas las dificultades en la guerra. A fin de obtener la victoria, debemos perseverar en la Resistencia, mantener el frente único y persistir en la guerra prolongada. Pero todo esto es inseparable de la movilización del pueblo. Querer alcanzar la victoria y descuidar la movilización política es lo mismo que "tratar de dirigirse al Sur con el carruaje orientado al Norte". Indudablemente esto no conduciría a la victoria.

67.   ¿Qué es la movilización política? Primero, explicar al ejército y al pueblo el objetivo político de la guerra. Hay que hacer comprender a cada soldado y a cada civil por qué es necesario batirse y en qué les atañe la guerra. El objetivo político de la Guerra de Resistencia contra el Japón es "expulsar al imperialismo japonés y crear una nueva China libre e igual en derechos". Debemos explicar este objetivo a todo el ejército y el pueblo, a fin de encender en ellos un gran entusiasmo por la resistencia al Japón y unir como un solo hombre a cientos de millones de personas para que aporten sin reservas su contribución al esfuerzo bélico. Segundo, no basta con explicar sólo el objetivo; hay que explicar también las medidas y la política destinadas a alcanzarlo, y de ahí la necesidad de un programa político. Ya poseemos el Programa de Diez Puntos para la Resistencia al Japón y la Salvación Nacional y también el Programa de Resistencia Armada y Reconstrucción Nacional; debemos divulgarlos en el ejército y entre el pueblo y movilizar a éstos para que los pongan en

práctica. Sin un programa político preciso y concreto, no es posible movilizar a todas las fuerzas armadas y a todo el pueblo para que lleven hasta el fin la Guerra de Resistencia contra el Japón. Tercero, ¿cómo efectuar la movilización? Verbalmente; por medio de octavillas y carteles, periódicos libros y folletos; con representaciones teatrales y películas; a través de las escuelas, las organizaciones populares y los cuadros. Lo que hasta ahora se ha hecho en las regiones dominadas por el Kuomintang es como una gota de agua en el océano, y además, se ha realizado de una manera inadecuada al gusto de las masas populares y con un espíritu ajeno a ellas; esto debe ser corregido radicalmente. Cuarto, no basta con movilizar una vez; la movilización política para la Guerra de Resistencia contra el Japón debe efectuarse permanentemente. Nuestra tarea no consiste en recitar mecánicamente al pueblo nuestro programa político, porque así nadie escuchará; debemos vincular la movilización política con la marcha de la guerra y con la vida de los soldados y del pueblo, y hacer de ella un trabajo permanente. Este es un asunto de extrema importancia, del cual depende en primer término nuestra victoria.

Capítulo 13

OBJETIVO DE LA GUERRA

68. No nos referiremos aquí al objetivo político de la guerra. El objetivo político de la Guerra de Resistencia contra el Japón es "expulsar al imperialismo japonés y crear una nueva China libre e igual en derechos", y de esto ya hemos hablado más arriba. Aquí nos referiremos al objetivo fundamental de la guerra, de la guerra como política con derramamiento de sangre, como destrucción mutua de ejércitos. El objetivo de la guerra no es otro que "conservar las fuerzas propias y destruir las del enemigo' (destruir las fuerzas enemigas significa desarmarlas o "privarlas de su capacidad de resistencia", y no significa aniquilarlas a todas físicamente). En las guerras antiguas, se pisaban la lanza y el escudo: la lanza para atacar y destruir al enemigo, el escudo para defenderse y conservarse a si mismo. Hasta hoy, las armas no son más que una continuación de la lanza y el escudo. El bombardero, la ametralladora, el cañón de largo alcance y los gases tóxicos son desarrollos de la lanza, en tanto que el refugio antiaéreo, el casco de acero, las defensas de hormigón y la careta antigás lo son del escudo. El tanque es una nueva arma que combina las funciones de la lanza y el escudo. El ataque es el medio principal para destruir las fuerzas enemigas, pero no se puede prescindir de la defensa. El ataque se realiza con el objetivo inmediato de aniquilar las fuerzas del enemigo, pero al mismo tiempo para conservar las fuerzas propias, porque si uno no aniquila

al enemigo, será aniquilado. La defensa tiene como objetivo inmediato conservar las fuerzas propias, pero al mismo tiempo es un medio de complementar el ataque o de prepararse para pasar a él. La retirada pertenece a la categoría de la defensa y es una continuación de ésta, en tanto que la persecución es una continuación del ataque. Hay que señalar que, dentro del objetivo de la guerra, la destrucción de las fuerzas enemigas es lo principal, y la conservación de las Fuerzas propias, lo secundario, porque sólo se puede conservar eficazmente las fuerzas propias destruyendo en gran número las del enemigo. Por lo tanto, el ataque, como medio principal para destruir las fuerzas enemigas, es lo primordial, en tanto que la defensa, como medio auxiliar para destruir las fuerzas del enemigo y como uno de los medios para conservar las fuerzas propias, es lo secundario. Aunque en la práctica de una guerra muchas veces predomine la defensa, y en otras ocasiones el ataque, considerada esa guerra en su conjunto, el ataque sigue siendo lo primordial.

69. ¿Cómo explicar el estímulo al espíritu heroico de sacrificio en la guerra? ¿No está en contradicción con "conservar las fuerzas propias"? No, no lo está. Uno y otro son contrarios que se condicionan entre sí. La guerra es política con derramamiento de sangre y exige un precio, a veces sumamente elevado. El sacrificio (la no conservación) parcial y temporal es indispensable para la conservación permanente del todo. He aquí precisamente por qué decimos que el ataque, que es en lo fundamental un medio para destruir las fuerzas del enemigo, sirve al mismo tiempo para conservar las propias. He ahí también por qué la defensa debe ir acompañada del ataque; y no ser una defensa pura.

70. El objetivo de la guerra, es decir, la conservación de las fuerzas propias y la destrucción de las del enemigo, es la esencia de la guerra y la base de todas las actividades bélicas, y esta esencia las impregna a todas ellas, desde la técnica de combate hasta la estrategia. EL mencionado objetivo constituye el principio básico de la guerra, y ningún fundamento o principio de la técnica de combate, la táctica, las campañas y la estrategia pueden separarse de él. ¿Qué significa, por ejemplo, en el tiro, el principio de "ponerse a cubierto y emplear al máximo la potencia de fuego"? Lo primero es para conservarse a sí mismo, y lo segundo, para destruir al enemigo. De lo primero surgen métodos como la utilización del terreno y de los objetos que en él se hallen, el avance a saltos y la disposición en orden abierto de las tropas. De lo segundo nacen otros métodos como despejar el campo de tiro y organizar la red de fuego. En cuanto a las fuerzas de choque, de contención y de reserva en las operaciones tácticas, las primeras son para destruir las fuerzas enemigas, las segundas; para conservar las propias, y las terceras, para cualquiera de los dos fines según las circunstancias, bien para destruir al enemigo, apoyando a las fuerzas de choque o sirviendo como fuerzas de persecución, bien para conservar las propias, apoyando a las fuerzas de contención o sirviendo como fuerzas de cobertura. De este modo, todos los principios o acciones en el plano técnico, táctico, de las campañas y estratégico son absolutamente inseparables del objetivo de la guerra, que la rige en su conjunto y desde el principio hasta el fin.

71. Al dirigir la Guerra de Resistencia contra el Japón, los jefes de todo nivel deben tener siempre presentes los diversos factores fundamentales de China y del Japón opuestos entre si, así como el objetivo de la guerra. En el curso de las operaciones militares, esos factores fundamentales de los dos países, opuestos entre sí, se manifiestan en la lucha de cada bando por conservar sus fuerzas y

destruir las del enemigo. En lo que a nosotros concierne, nos esforzamos al máximo en cada encuentro por obtener una victoria, grande o pequeña, así como por desarmar a una parte de las fuerzas enemigas y destruir una parte de sus efectivos y de su equipo. Al acumular los resultados de estas destrucciones parciales, tendremos grandes victorias estratégicas, que nos permitirán alcanzar el objetivo político de expulsar definitivamente del país al enemigo, defender a nuestra patria y construir una nueva China.

<table>
<tr><td>Capítulo</td><td>14</td></tr>
</table>

OFENSIVA DENTRO DE LA DEFENSIVA, PERACIONES DE DECISION RAPIDA DENTRO DE LA GUERRA PROLONGADA Y LINEAS EXTERIORES DENTRO DE LINEAS INTERIORES

72. Examinemos ahora la estrategia concreta de la Guerra de Resistencia contra el Japón. Ya hemos dicho que nuestra estrategia para resistir al Japón es la de guerra prolongada, y esto es absolutamente exacto. Pero ésta es una estrategia general, y no concreta. ¿Cómo debe conducirse concretamente la guerra prolongada? Este es el problema que analizaremos ahora. He aquí nuestra respuesta: en la primera y segunda etapas de la guerra, o sea, la etapa en que el enemigo está a la ofensiva y la etapa en que pasa a consolidar el territorio ocupado, debemos realizar campañas y combates ofensivos dentro de la defensiva estratégica, campañas

y combates de decisión rápida dentro de la guerra estratégicamente prolongada, y campañas y combates en líneas exteriores dentro de la guerra en líneas interiores en el plano estratégico. En la tercera etapa, debemos lanzar la contraofensiva estratégica.

73. Como el Japón es una potencia imperialista y nosotros un país débil, semicolonial y semifeudal, aquél adopta la política de ofensiva estratégica, en tanto que nosotros estamos a la defensiva estratégica. El Japón trata de aplicar la estrategia de guerra de decisión rápida y nosotros debemos poner en práctica conscientemente la estrategia de guerra prolongada. El Japón emplea decenas de divisiones terrestres (ahora ya son treinta) de capacidad combativa bastante elevada y una parte de su marina de guerra para cercar y bloquear a China por tierra y por mar, y utiliza su fuerza aérea para bombardearla. En el momento actual, su ejército ha establecido ya un amplio frente que se extiende de Paotou a Jangchou, y su marina de guerra ha llegado hasta las provincias de Fuchién y Kuangtung; así, han cobrado gran amplitud sus operaciones en líneas exteriores. Nosotros en cambio, operamos en líneas interiores. Todo ello se debe al hecho de que el enemigo es fuerte y nosotros débiles. Este es un aspecto de la situación.

74. Pero hay también otro aspecto, exactamente contrario. El Japón, aunque fuerte, no tiene suficientes soldados. China, aunque débil, posee un vasto territorio, una gran población y gran número de soldados. De esto se derivan dos importantes consecuencias. Primera: el enemigo, que emplea fuerzas poco numerosas contra un país grande, sólo puede ocupar algunas grandes ciudades y principales líneas de comunicación y parte de las llanuras. Así, en el territorio tomado por él quedan extensas zonas que no están en condiciones de ocupar, lo cual ofrece un amplio campo de

operaciones para nuestra guerra de guerrillas. Considerando China en su conjunto, aunque el enemigo consiga ocupar la línea Cantón-Wuján-Lanchou y las zonas adyacentes, difícilmente podrá apoderarse de regiones situadas más allá, lo que proporcionará a China una retaguardia general y bases de apoyo vitales para sostener una guerra prolongada y lograr la victoria final. Segunda: el enemigo, al lanzar fuerzas reducidas contra fuerzas numerosas, se encuentra cercado por éstas. El enemigo nos ataca en varias direcciones; estratégicamente, se halla en líneas exteriores mientras nosotros, en líneas interiores, y se encuentra a la ofensiva mientras nosotros, a la defensiva. Esto puede parecer muy desfavorable para nosotros. Sin embargo, podemos hacer uso de nuestras dos ventajas — vasto territorio y gran número de soldados —, recurriendo a la flexible guerra de movimientos, en lugar de una guerra de posiciones de defensa obstinada, y empleando varias divisiones contra una división enemiga, varias decenas de miles de hombres contra diez mil de los suyos, varias columnas contra una suya, para cercarla y atacarla repentinamente desde líneas exteriores del campo de batalla. De esta manera, para el enemigo, las líneas exteriores y la ofensiva en el plano estratégico se convertirán inevitablemente en líneas interiores y defensiva en campañas y combates. Y para nosotros, las líneas interiores y la defensiva en el plano estratégico se convertirán en líneas exteriores y ofensiva en campañas y combates. Así se debe actuar frente a cada una de las columnas enemigas. Las dos consecuencias arriba mencionadas se desprenden del hecho de que el Japón es un país pequeño en tanto que el nuestro es grande. Por otra parte, las fuerzas enemigas, aunque poco numerosas, son potentes (en armas y adiestramiento), en tanto que las nuestras, aunque muchas, son débiles (también en armas y adiestramiento, pero no en moral); de modo que en las campañas y combates no sólo debemos emplear fuerzas grandes contra pequeñas y operar desde líneas exteriores contra líneas interiores, sino también adoptar el principio de operaciones de decisión rápida. Para conseguir una decisión rápida por lo general tenemos que atacar no a fuerzas enemigas acantonadas, sino a fuerzas en movimiento. Debemos concentrar previamente y en secreto grandes fuerzas a ambos lados de la ruta , por la que el enemigo debe pasar, caer repentinamente sobre él mientras se halla en movimiento, cercarlo y atacarlo antes que se dé cuenta de lo que sucede, y concluir con rapidez la batalla. Si el combate marcha bien, podemos aniquilar todas las fuerzas enemigas, o la parte mayor o menor de esas fuerzas; y aun si el combate no se desarrolla muy bien, de todos modos podremos ocasionar severas pérdidas al enemigo. Es así como debemos actuar en cada uno de nuestros combates. Si logramos, aunque no sea más que una vez por mes, una victoria relativamente grande como la de Pingsingkuan o la de Taierchuang, esto debilitará considerablemente la moral del enemigo; elevará la de nuestras fuerzas y despertará la solidaridad internacional. De esta manera, nuestra guerra estratégicamente prolongada se traducirá en batallas de decisión rápida en el teatro de operaciones. La guerra del enemigo de decisión rápida en el plano estratégico se convertirá ineludiblemente en una guerra prolongada, después que haya sufrido muchas derrotas en campañas y combates.

75. El principio para las operaciones en campañas y combates, expuesto más arriba, puede resumirse así: "operaciones ofensivas de decisión rápida en líneas exteriores". Es lo contrario de nuestro principio estratégico de "guerra defensiva prolongada en líneas interiores", pero es indispensable precisamente para la realización de este principio estratégico. Si aplicásemos también en campañas y combates el principio de "guerra defensiva prolongada en líneas interiores", como se hizo en el período inicial de la Guerra de

Resistencia, ello no correspondería en absoluto al hecho de que el país enemigo es pequeño y el nuestro grande, y de que el enemigo es fuerte y nosotros débiles. En tal caso, no alcanzaríamos jamás nuestro objetivo estratégico, no lograríamos sostener una guerra prolongada y seríamos derrotados. Por eso, hemos abogado siempre por la organización de todas las fuerzas armadas del país en varios grandes ejércitos de campaña, cada uno enfrentado a uno de los ejércitos de campaña del enemigo, pero con efectivos que sean dos, tres o cuatro veces los suyos, para mantener atareado al enemigo en amplios teatros de operaciones de acuerdo con el principio antes expuesto. Dicho principio puede y debe aplicarse tanto a la guerra regular como a la de guerrillas, y es válido no sólo para una etapa determinada de la guerra, sino también para todo su curso. En la etapa de contraofensiva estratégica, en que tendremos mejores condiciones técnicas e incluso dejaremos de estar en la posición del débil contra el fuerte, si continuamos empleando fuerzas numéricamente superiores en operaciones ofensivas de decisión rápida en líneas exteriores, tendremos posibilidades aún mayores de capturar gran cantidad de soldados y pertrechos enemigos. Por ejemplo, si empleamos dos, tres o cuatro divisiones mecanizadas contra una división mecanizada del enemigo, podremos estar mucho más seguros de aniquilarla. Varios hombres fornidos pueden vencer fácilmente a uno solo: ésta es una verdad de sentido común.

76. Si aplicamos resueltamente en los campos de batalla el principio de "operaciones ofensivas de decisión rápida en líneas exteriores", no sólo modificaremos la correlación de fuerzas entre el enemigo y nosotros en esos campos de batalla, sino que también iremos cambiando progresivamente la situación general de la guerra. En los campos de batalla, estaremos a la ofensiva y el enemigo, a la defensiva; emplearemos fuerzas superiores en líneas

exteriores y el enemigo, fuerzas inferiores en líneas interiores, y buscaremos la decisión rápida, en tanto que el enemigo no podrá, por más que lo intente, prolongar la lucha en espera de socorros. De esta manera, el adversario pasará de fuerte a débil y de superior a inferior, y nuestras fuerzas, por el contrario, pasarán de débiles a fuertes y de inferiores a superiores. Después de ganadas así muchas batallas, se modificará la situación general entre el enemigo y nosotros. Es decir, con la acumulación de muchas victorias obtenidas en los campos de batalla mediante operaciones ofensivas de decisión rápida en líneas exteriores, poco a poco iremos fortaleciéndonos y debilitando al enemigo, lo cual afectará forzosamente la correlación general de fuerzas y la hará cambiar. Para entonces, dicho cambio, combinado con otras condiciones nuestras, con los cambios operados en el campo enemigo y con una situación internacional favorable, producirá en la situación general entre el enemigo y nosotros, primero, una paridad de fuerzas, y luego, nuestra superioridad sobre el enemigo. Entonces habrá llegado la hora de lanzar la contraofensiva y expulsar de nuestro país a los invasores.

77. La guerra es una pugna de fuerzas, pero el estado inicial de éstas cambia en el curso de la guerra. Aquí el factor decisivo es el esfuerzo subjetivo por lograr más victorias y cometer menos errores. Los factores objetivos proporcionan la posibilidad de tal cambio, pero, para convertir en hechos esta posibilidad, es necesaria una política correcta y el esfuerzo subjetivo.
Aquí lo subjetivo desempeña el papel decisivo.

Capítulo 15

INICIATIVA, FLEXIBILIDAD Y PLANIFICACION

78. En las campañas y combates ofensivos de decisión rápida en líneas exteriores, tal como se ha planteado, el punto central es la ofensiva; "líneas exteriores" se refiere a la esfera de la ofensiva, y "decisión rápida", a su duración. De ahí el nombre de "operaciones ofensivas de decisión rápida en líneas exteriores". Es el mejor principio para realizar una guerra prolongada, y es también el principio para lo que se conoce como guerra de movimientos. Pero no se puede llevar a la práctica este principio sin iniciativa, flexibilidad y planificación. Estudiemos ahora estas tres cuestiones.

79. Ya hemos hablado de la actividad consciente. ¿Por qué tratamos ahora de la iniciativa? Por actividad consciente entendemos la acción y el esfuerzo consciente, característica propia del género humano, que se manifiesta con particular vigor en la guerra. Todo esto ya ha sido analizado. La iniciativa significa aquí libertad de acción para un ejército, en contraste con la situación en que las tropas quedan privadas de esta libertad. Para un ejército es vital la libertad de acción, y en cuanto la pierde, se encuentra al borde de la derrota o la destrucción. El que un soldado sea desarmado se debe a que ha perdido su libertad de acción, quedando reducido a la pasividad. Lo mismo puede decirse en cuanto a la derrota de un ejército. Por ello, en una guerra ambos

bandos se empeñan enérgicamente en lograr la iniciativa y evitar la pasividad. Se puede decir que las operaciones ofensivas de decisión rápida en líneas exteriores, por las cuales abogamos, así como la flexibilidad y la planificación, necesarias para llevarlas a cabo, están todas destinadas a lograr la iniciativa para reducir al enemigo a la pasividad y alcanzar el objetivo de conservar las fuerzas propias y destruir las del enemigo. Pero la iniciativa o la pasividad son inseparables de la superioridad o inferioridad en la capacidad bélica; por consiguiente, también son inseparables de una dirección subjetiva correcta o errónea de la guerra. Además, existe la posibilidad de explotar las apreciaciones erróneas y la desprevención del enemigo para ganar la iniciativa y reducirlo a la pasividad. Analicemos a continuación estos puntos.

80. La iniciativa es inseparable de la superioridad en la capacidad bélica, en tanto que la pasividad es inseparable de la inferioridad en ese terreno. Tal superioridad o inferioridad constituyen, respectivamente, la base objetiva para la iniciativa o la pasividad. Naturalmente, es más fácil mantener y desarrollar la iniciativa estratégica por medio de la ofensiva estratégica, pero mantener la iniciativa durante toda la guerra y en todos los frentes, o sea, tener la iniciativa absoluta, sólo es posible en condiciones de superioridad absoluta sobre el adversario. En una lucha cuerpo a cuerpo entre un hombre fuerte y sano y otro gravemente enfermo, el primero tendrá la iniciativa absoluta. Si el Japón no estuviera acribillado de contradicciones insolubles; si, por ejemplo, pudiera enviar de una sola vez un ejército inmenso, de varios o incluso de diez millones de soldados; si sus recursos financieros fueran varias veces lo que son; si no encontrara oposición alguna en las masas populares de su propio país ni en otros países, y si no siguiera la bárbara política que impulsa al pueblo chino a entablar una lucha a muerte, podría

asegurarse la superioridad absoluta y contar con la iniciativa absoluta durante toda la guerra y en todas partes. Pero la historia muestra que la superioridad absoluta aparece al final de una guerra o una campaña; y rara vez al comienzo. Por ejemplo, fue en vísperas de la rendición de Alemania, en la Primera Guerra Mundial, cuando los países de la Entente lograron la superioridad absoluta y Alemania quedó reducida a la inferioridad absoluta, a consecuencia de lo cual, ésta fue derrotada y aquéllos triunfaron. Este es un ejemplo de superioridad e inferioridad absolutas al final de una guerra. Otro ejemplo: en vísperas de nuestra victoria en Taierchuang, las fuerzas japonesas aisladas allí fueron reducidas a la inferioridad absoluta después de una dura lucha, en tanto que las nuestras alcanzaron la superioridad absoluta, como resultado de lo cual, el enemigo fue derrotado y nosotros triunfamos. Este es un ejemplo de superioridad e inferioridad absolutas al final de una campaña. Una guerra o una campaña también pueden terminar en una situación de superioridad relativa o de paridad. En ese caso, se llega a un compromiso en la primera o a una situación de empate en la segunda. Pero, en la mayoría de los casos, la guerra o campaña finalizan con la superioridad e inferioridad absolutas, que deciden, respectivamente la victoria y la derrota. Todo esto se refiere al final y no al comienzo de una guerra o una campaña. Se puede predecir que el desenlace de la guerra chino-japonesa será la derrota del Japón a consecuencia de su inferioridad absoluta y la victoria de China a causa de su superioridad absoluta. Pero en el momento actual, la superioridad e inferioridad de una y otra parte no son absolutas sino relativas. Con la ventaja de su poderío militar y económico y de su gran capacidad político-organizativa, el Japón goza de superioridad sobre China, que es débil en estos aspectos; dicha superioridad constituye la base de su iniciativa. Pero como su fuerza en lo militar y en otros aspectos es cuantitativamente insuficiente, y como existen muchos otros factores que le son desfavorables, su superioridad se ve reducida por sus propias contradicciones. Esa superioridad ha disminuido aún más, al enfrentarse en China con un vasto territorio, enorme población, gran número de soldados y tenaz resistencia nacional. Por lo tanto, vista en su conjunto, la posición del Japón ha pasado a ser de simple superioridad relativa, y su capacidad para tomar y mantener la iniciativa, que ha quedado así restringida, se ha vuelto también relativa. En cuanto a China, si bien se encuentra estratégicamente en una posición un tanto pasiva a causa de la inferioridad de su fuerza es sin embargo cuantitativamente superior en territorio, población y efectivos militares, y también es superior por la moral combativa y el profundo odio de su pueblo y su ejército hacia el enemigo. Esta superioridad, junto con otros factores favorables, disminuye el grado de su inferioridad militar, económica, etc., y la conviene en una inferioridad estratégica relativa. Y esto también reduce el grado de pasividad de China, de modo que su posición estratégica es sólo de pasividad relativa. Sin embargo, como toda pasividad es desventajosa, hay que esforzarse al máximo para salir de ella. En el terreno militar, la forma de conseguirlo es desplegar resueltamente operaciones ofensivas de decisión rápida en líneas exteriores, desarrollar la guerra de guerrillas en la retaguardia enemiga, y producir así numerosos casos de aplastante superioridad e iniciativa locales en campañas de guerra de movimientos y en la guerra de guerrillas. Por medio de esa superioridad e iniciativa locales, podremos crear gradualmente la superioridad e iniciativa estratégicas y salir de la inferioridad y pasividad estratégicas. Tal es la relación entre la iniciativa y la pasividad, entre la superioridad y la inferioridad.

81. De lo dicho puede comprenderse también la relación entre la iniciativa o la pasividad y la dirección subjetiva de la guerra. Como se

ha expuesto más arriba, podemos salir de nuestra inferioridad y pasividad estratégicas relativas creando, mediante nuestros esfuerzos, muchos casos de superioridad e iniciativa locales, privando así una y otra vez al enemigo de esta superioridad e iniciativa y empujándolo a la inferioridad y la pasividad. La suma de estos éxitos parciales nos dará la superioridad e iniciativa estratégicas y reducirá al enemigo a la inferioridad y pasividad estratégicas. Tal cambio depende de una dirección subjetiva correcta. ¿Por qué? Porque mientras nosotros buscamos la superioridad y la iniciativa, el enemigo hace lo mismo. En este sentido, la guerra es una pugna de capacidad subjetiva entre los mandos de los ejércitos contendientes por la superioridad y la iniciativa, sobre la base de condiciones materiales tales como las fuerzas militares y los recursos financieros. De la pugna uno sale vencedor y el otro vencido; además de las condiciones materiales objetivas, el vencedor debe necesariamente su triunfo a una dirección subjetiva correcta, y el vencido debe su derrota a una dirección subjetiva errónea. Admitimos que el fenómeno de la guerra es más inasible y ofrece menos certidumbre que cualquier otro fenómeno social, en otras palabras, que es en mayor grado una cuestión de "probabilidad". Pero la guerra no tiene nada de sobrenatural; no es sino un fenómeno de este mundo, regido por la necesidad. Por eso, sigue siendo una verdad científica el axioma de Sun Tsi: "Conoce a tu adversario y conócete a ti mismo, y podrás librar cien batallas sin correr ningún riesgo de derrota." Los errores surgen de la ignorancia acerca del enemigo y de sí mismo; además, en muchos casos, las características de la guerra hacen imposible tener pleno conocimiento de ambos bandos; de ahí la incertidumbre de la situación y las acciones en la guerra, los errores y derrotas. Pero, sean cuales fueren la situación y las acciones en la guerra, es posible conocer sus aspectos generales y puntos esenciales. Gracias a todo tipo de reconocimientos y, además, a sus deducciones y juicios inteligentes, un jefe puede reducir los errores y ejercer una dirección correcta en líneas generales. Armados de esta "dirección correcta en líneas generales", podemos lograr más victorias y transformar nuestra inferioridad en superioridad y nuestra pasividad en iniciativa. Esta es la relación entre la iniciativa o la pasividad y la dirección subjetiva correcta o incorrecta de la guerra.

82. La tesis de que una dirección subjetiva incorrecta puede originar el cambio de superioridad en inferioridad y de iniciativa en pasividad, y que una dirección subjetiva correcta puede hacer lo contrario, se hace aún más convincente cuando consideramos los ejemplos históricos de derrotas sufridas por ejércitos numerosos y fuertes, y de victorias alcanzadas por ejércitos reducidos y débiles. Tales ejemplos abundan en la historia de China y de otros países. Ejemplos de China son la batalla de Chengpu entre Tsin y Chu; la de Chengkao entre Chu y Jan; la batalla en que Jan Sin derrotó a las tropas de Chao Sie; la de Kunyang entre Sin y Jan; la de Kuantu entre Yuan Shao y Tsao Tsao; la de Chipi entre Wu y Wei; la de Yiling entre Wu y Shu; la de Feishui entre Chin y Tsin, etc. Entre los ejemplos en la historia de otros países, figuran muchas campañas de Napoleón y la guerra civil en la Unión Soviética después de la Revolución de Octubre. En todos estos casos, la victoria fue alcanzada por fuerzas pequeñas sobre grandes y por fuerzas inferiores sobre superiores. En cada caso, la fuerza menor opuso una superioridad e iniciativa locales a la inferioridad y pasividad también locales del enemigo, empezó por derrotar a una parte de sus unidades, luego se volvió contra las restantes, las aplastó una por una y transformó así toda la situación en superioridad e iniciativa. Lo contrario sucedió con el enemigo, que en un principio tenía la superioridad y la iniciativa; debido a sus errores subjetivos y contradicciones internas, perdió

por completo su excelente o relativamente buena posición de superioridad e iniciativa, convirtiéndose en general de un ejército vencido o en rey de un reino subyugado. Así puede verse que, si bien la superioridad o inferioridad en la capacidad bélica es la base objetiva que determina la iniciativa o la pasividad, no constituye en sí misma la iniciativa o la pasividad efectivas; sólo mediante una lucha, una pugna entre las capacidades subjetivas, puede surgir la iniciativa o la pasividad efectivas. En la lucha, una dirección subjetiva correcta puede transformar la inferioridad en superioridad y la pasividad en iniciativa, y una dirección subjetiva errónea puede hacer lo contrario. El hecho de que las dinastías gobernantes no hayan podido vencer a los ejércitos revolucionarios, demuestra que la simple superioridad en ciertos aspectos no asegura la iniciativa ni mucho menos la victoria final. El bando que se encuentra en estado de inferioridad y pasividad puede arrebatar la iniciativa y la victoria al bando que tiene la superioridad y la iniciativa, si crea ciertas condiciones mediante una gran actividad subjetiva, de acuerdo con las circunstancias reales.

83. Las apreciaciones erróneas y la desprevención pueden ocasionar la pérdida de la superioridad y la iniciativa. Por lo tanto, desorientar sistemáticamente al enemigo y atacarlo por sorpresa son dos importantes medios de lograr la superioridad y ganar la iniciativa. ¿Qué significa "apreciaciones erróneas"? "Tomar por soldados enemigos los árboles y matorrales del monte Pakung" es un ejemplo de apreciación errónea. Y "amagar en el Este pero atacar por el Oeste" es una forma de desorientar al enemigo. Cuando contamos con un firme apoyo de las masas, suficiente para evitar la filtración de informaciones, a menudo es posible conseguir eficazmente, con diversas estratagemas, meter al enemigo en un cenagal de juicios y acciones erróneos, de modo que pierda la superioridad y la iniciativa.

A esto se refiere precisamente el dicho: "En la guerra jamás hay exceso de astucia." ¿Qué significa "desprevención"? Significa falta de preparación. Sin preparación, la superioridad no es real ni puede haber tampoco iniciativa. Comprendiendo esto, una fuerza inferior, pero bien preparada, a menudo puede derrotar a una fuerza superior mediante ataques por sorpresa. Decimos que es fácil golpear a un enemigo en movimiento, precisamente porque entonces no está alerta, o sea, no está preparado.

Estos dos procedimientos — desorientar al enemigo y atacarlo por sorpresa — significan transferir al enemigo la incertidumbre de la guerra y procurar para nosotros la mayor certidumbre posible, lo cual nos permite ganar la superioridad y la iniciativa y lograr la victoria. Una excelente organización de las masas es el requisito previo para la consecución de todo esto. Por lo tanto, es de extrema importancia poner en pie a todas las masas populares que se oponen al enemigo y armarlas hasta el último hombre, para que efectúen asaltos por todas partes y, al mismo tiempo, impidan el escape de informaciones y cubran a nuestro ejército, de modo que el enemigo no sepa cuándo ni dónde lo atacaremos y se cree una base objetiva que lo conduzca a apreciaciones erróneas y a la desprevención. Si el Ejército Rojo de China, en el período de la Guerra Revolucionaria Agraria; pudo ganar frecuentemente batallas con fuerzas pequeñas, fue en gran medida porque contaba con masas populares organizadas y armadas. Lógicamente, la guerra nacional debe conquistar un apoyo popular más amplio todavía que la Guerra Revolucionaria Agraria; sin embargo, debido a errores del pasado, las masas populares se encuentran desorganizadas, no sólo no pueden ponerse inmediatamente al servicio de la causa, sino que a veces incluso son utilizadas por el enemigo. La movilización decidida y amplia de todo el pueblo es la única forma de obtener inagotables recursos para atender a todas las necesidades de la guerra. Además, desempeñará ciertamente un gran papel en la aplicación de nuestra táctica de derrotar al enemigo desorientándolo y tomándolo desprevenido. No somos el príncipe Siangkung del Estado de Sung y no nos interesa su estúpida ética. A fin de lograr la victoria, debemos hacer cuanto sea posible para taparle ojos y oídos al enemigo, de modo que se vuelva ciego y sordo, así como para crear la mayor confusión posible en la mente de sus mandos, hasta que pierdan completamente el juicio. En todo esto puede verse también la relación entre la iniciativa o la pasividad y la dirección subjetiva de la guerra. Tal dirección subjetiva es indispensable para derrotar al Japón.

84. En líneas generales, el Japón mantiene la iniciativa en la etapa de su ofensiva en razón de su poderío militar y del aprovechamiento de nuestros errores subjetivos, pasados y actuales. Pero su iniciativa ha comenzado a menguar en cierto grado, a causa de las numerosas desventajas que le son inherentes y de los errores subjetivos que él ha cometido también en la guerra (sobre los cuales hablaremos en detalle más adelante), y asimismo a causa de nuestras numerosas ventajas: La derrota del enemigo en Taierchuang y sus dificultades En la provincia de Shansí son clara prueba de ello. El amplio desarrollo de nuestra guerra de guerrillas en la retaguardia del enemigo ha colocado a sus guarniciones del territorio ocupado en una posición completamente pasiva. Aunque el enemigo todavía está a la ofensiva estratégica y mantiene la iniciativa, la perderá cuando cese esta ofensiva. La primera razón por la cual el enemigo no podrá mantener la iniciativa, es que su escasez de tropas le hace imposible sostener la ofensiva indefinidamente. Nuestras operaciones ofensivas en las campañas y nuestra guerra de guerrillas en la retaguardia enemiga, junto con otros factores, constituyen la

segunda razón por la cual el enemigo tendrá que detener su ofensiva en cierto límite y no podrá mantener su iniciativa. La existencia de la Unión Soviética y los cambios en la situación internacional constituyen la tercera razón. Así se ve que la iniciativa del enemigo es limitada y puede ser anulada. Si China mantiene firmemente el método de realizar operaciones ofensivas con sus fuerzas regulares en campañas y combates, desarrolla con vigor la guerra de guerrillas en la retaguardia enemiga y moviliza ampliamente a las masas populares En el terreno político, entonces podremos asegurarnos gradualmente una posición de iniciativa estratégica:

85. Tratemos ahora de la flexibilidad. ¿Qué es la flexibilidad? Es la expresión concreta de la iniciativa en las operaciones militares; es el empleo flexible de las fuerzas armadas. El empleo flexible de las fuerzas armadas es la tarea central, y también la más difícil, en la conducción de una guerra. Además de tareas tales como la organización y la educación del ejército y del pueblo, la conducción de la guerra consiste en el empleo de las tropas en el combate, y todo ello se hace para lograr la victoria. Ciertamente son difíciles tareas tales como organizar un ejército, pero más difícil aún es emplearlo, en especial cuando se enfrenta a uno más fuerte. Para ello, se requiere tener una alta capacidad subjetiva, vencer la confusión, la oscuridad y la incertidumbre peculiares de la guerra, y descubrir en ellas el orden, la claridad y la certidumbre; sólo así puede conseguirse la flexibilidad en el mando.

86. El principio fundamental para las operaciones en los campos de batalla de la Guerra de Resistencia consiste en operaciones ofensivas de decisión rápida en líneas exteriores. Para ponerlo en práctica, existen diversas tácticas o métodos, tales como dispersión y concentración de las fuerzas; avance divergente y ataque

convergente; ataque y defensa; asalto y contención; cerco y movimientos envolventes; avance y retirada. Comprender estas tácticas es fácil, pero no lo es en modo alguno emplearlas y pasar de una a otra con flexibilidad. Aquí hay tres factores clave: momento, lugar y tropas. Ninguna victoria puede lograrse si el momento, el lugar o las tropas no han sido bien elegidos. Por ejemplo, si, al atacar a una fuerza enemiga en movimiento, asestamos el golpe prematuramente, nos pondremos al descubierto y daremos al adversario la oportunidad de prepararse; si lo hacemos demasiado tarde, el enemigo podrá haber concentrado y acampado sus tropas; presentándonos un hueso duro de roer. Esto en cuanto al momento. Si el punto de asalto que escogemos está, por ejemplo, en el ala izquierda del enemigo, que resulta ser justamente su lado débil, será fácil la victoria; pero si el que escogemos está en el ala derecha, podremos darnos contra un muro y no obtener resultado alguno. Esto en cuanto al lugar. Si, para realizar una determinada tarea, es fácil obtener éxito enviando una determinada unidad de nuestras fuerzas, será difícil lograr resultados empleando otra unidad. Esto en cuanto a las tropas. No sólo tenemos que saber cómo emplear las tácticas, sino también cómo pasar de una a otra. Para un mando flexible es tarea importante cambiar de táctica oportuna y apropiadamente según las condiciones de las tropas y del terreno, tanto las del enemigo como las nuestras; pasando del ataque a la defensa o de la defensa al ataque, del avance a la retirada o de la retirada al avance, transformando las unidades de contención en unidades de asalto o las de asalto en las de contención, pasando del cerco a los movimientos envolventes o de los movimientos envolventes al cerco, etc. Esto rige tanto para el mando de los combates como para el de las campañas y el estratégico.

87. Los antiguos decían: "La habilidad para emplear la táctica reside en la mente." Esta "habilidad", que nosotros llamamos flexibilidad, es la aportación del comandante inteligente. Flexibilidad no significa temeridad, la cual debe ser rechazada. La flexibilidad es la capacidad de un comandante inteligente para adoptar medidas oportunas y adecuadas según las condiciones objetivas después de "juzgar el momento y la situación" (por situación se entiende la del enemigo y la nuestra, la naturaleza del terreno, etc.); esta flexibilidad es la "habilidad para emplear la táctica". Valiéndonos de esta habilidad, podemos obtener más victorias en las operaciones ofensivas de decisión rápida en líneas exteriores, cambiar a nuestro favor la correlación de fuerzas, ganar la iniciativa sobre el enemigo, abrumarlo y destruirlo, de modo que la victoria final sea nuestra.

88. Pasemos ahora al problema de la planificación. Debido a la incertidumbre propia de la guerra, es mucho más difícil trazar planes para ésta que para otras actividades. Sin embargo, como "la preparación asegura el éxito y su ausencia significa el fracaso", no se puede ganar una guerra sin previa planificación ni preparativos. En la guerra no hay una certidumbre absoluta, pero esto no excluye cierto grado de certidumbre relativa. Tenemos un conocimiento relativamente exacto de nuestra propia situación. En cuanto a la del enemigo, aunque para nosotros es muy incierta, existen, sin embargo, signos que podemos captar, hilos que seguir y una sucesión de fenómenos en los que meditar. Esto constituye lo que llamamos cierto grado de certidumbre relativa, que proporciona una base objetiva para la planificación en la guerra. Los adelantos de la técnica moderna (telégrafo, radio, aviones, vehículos motorizados, ferrocarriles, barcos de vapor, etc.) han aumentado la posibilidad de esa planificación. No obstante, como en la guerra hay sólo una certidumbre muy limitada y pasajera, es difícil que la planificación

sea compleja y estable. El plan cambia con el movimiento (curso o desarrollo) de la guerra, y el alcance de sus modificaciones varía según la escala de las operaciones. Los planes tácticos, tales como planes de ataque o defensa de pequeñas agrupaciones o unidades, frecuentemente deben ser modificados varias veces al día. El plan de una campaña, esto es, un plan de acción para grandes agrupaciones, puede durar por lo general hasta la conclusión de la campaña, en el curso de la cual, sin embargo, a menudo es modificado parcialmente, y en ocasiones, totalmente. Un plan estratégico, basado en la situación general de ambos bandos beligerantes, es más estable aún, pero también es aplicable sólo en una determinada etapa estratégica y tiene que ser modificado al pasar la guerra a una nueva etapa. La elaboración y modificación de los planes tácticos, de campañas y estratégicos de acuerdo con su respectivo alcance y según las circunstancias, es el factor clave en la conducción de la guerra; constituye asimismo la expresión concreta de la flexibilidad en las operaciones militares, en otras palabras, es la habilidad para emplear la táctica. A esto deben prestar atención los mandos de todo nivel en la Guerra de Resistencia contra el Japón.

89. Basándose en la movilidad de la guerra, algunas personas niegan categóricamente la estabilidad relativa de los planes u orientaciones para la guerra, y los consideran "mecánicos". Esta opinión es errónea. Como ya hemos dicho más arriba, reconocemos plenamente que, dado que la guerra sólo presenta una certidumbre relativa y transcurre (se mueve o se desarrolla) rápidamente, los planes u orientaciones para ella sólo pueden ser relativamente estables, y tienen que ser reemplazados o revisados a tiempo, de acuerdo con el cambio de las circunstancias y el curso de la guerra; de lo contrario, nos convertiríamos en mecanicistas. No obstante, en modo alguno se puede negar la estabilidad relativa, dentro de un

período determinado, de los planes u orientaciones para la guerra. Negar este punto significa negarlo todo, incluso la propia guerra, y a sí mismo. Como las circunstancias y acciones en la guerra son relativamente estables, debe darse también una estabilidad relativa a los planes u orientaciones, que están condicionados por ellas. Por ejemplo, como las circunstancias de la guerra en el Norte de China y las operaciones dispersas del VIII Ejército tienen un carácter estable dentro de una determinada etapa, en ésta es de todo punto necesario dar una relativa estabilidad a la línea estratégica del VIII Ejército: "Tomar la guerra de guerrillas como lo fundamental, pero no perder oportunidad alguna para realizar la guerra de movimientos cuando las condiciones sean favorables." La orientación para una campaña es aplicable en un período más corto que una orientación estratégica, y la orientación táctica es aplicable en un lapso más breve aún, pero todas ellas son estables durante un determinado tiempo. Negar esto es no saber por dónde empezar en materia de guerra, es convertirse en un relativista de la guerra carente de criterio, para quien un procedimiento es tan erróneo o tan justo como cualquier otro. Nadie niega que incluso una orientación válida para un período dado también está sujeta a variaciones; de no ser variable, jamás se abandonaría en favor de otra. Pero esta variabilidad tiene sus límites, es decir, no rebasa el marco de las diversas operaciones militares en que se aplica esa orientación, y no afecta a su esencia misma; en otras palabras, la variabilidad es cuantitativa y no cualitativa. Dentro de un período determinado, esta esencia no es en modo alguno variable, y esto es lo que queremos decir al hablar de la estabilidad relativa dentro de un período determinado. En el gran río de la guerra como un todo, donde la movilidad es absoluta, cada uno de sus tramos es relativamente estable. Este es nuestro punto de vista en lo que respecta a la esencia de los planes u orientaciones para la guerra.

90. Luego de haber tratado de la guerra defensiva prolongada en líneas interiores en el plano estratégico y de las operaciones ofensivas de decisión rápida en líneas exteriores en campañas y combates, así como de la iniciativa, flexibilidad y planificación, podemos hacer ahora un breve resumen. La Guerra de Resistencia contra el Japón debe tener su plan. Los planes de operaciones, que son la aplicación concreta de la estrategia y la táctica, tienen que ser flexibles, de modo que puedan adaptarse a las circunstancias de la guerra. Debemos esforzarnos siempre por transformar nuestra inferioridad en superioridad y nuestra pasividad en iniciativa, a fin de que la correlación de fuerzas cambie a nuestro favor. Todo esto halla su expresión en las operaciones ofensivas de decisión rápida en líneas exteriores en campañas y combates, así como en la guerra defensiva prolongada en líneas interiores en el plano estratégico.

Capítulo 16

GUERRA DE MOVIMIENTOS, GUERRA DE GUERRILLAS Y GUERRA DE POSICIONES

91. Toda guerra consistente en campañas y combates ofensivos de decisión rápida en líneas exteriores dentro de una guerra defensiva prolongada en líneas interiores en el plano estratégico, toma necesariamente la forma de guerra de movimientos. Esta es una forma de guerra en que los ejércitos regulares efectúan campañas o combates ofensivos de decisión rápida en líneas

exteriores a lo largo de amplios frentes y en vastas zonas de guerra. Al mismo tiempo, comprende la "defensa móvil", que se aplica en caso de necesidad para facilitar tales operaciones ofensivas, así como el ataque y la defensa de posiciones, los cuales desempeñan un papel auxiliar. Las características de la guerra de movimientos son: ejércitos regulares, superioridad de fuerzas en campañas y combates, carácter ofensivo y movilidad.

92. China posee un vasto territorio y un inmenso número de soldados, pero sus tropas no tienen adecuadas condiciones técnicas ni están suficientemente adiestradas, mientras que las fuerzas del enemigo son insuficientes en número, pero sus condiciones técnicas y su adiestramiento son mejores. En estas circunstancias, no cabe duda de que debemos adoptar las operaciones ofensivas móviles como forma principal y complementarlas con otras formas, organizando así toda una guerra de movimientos. A este respecto, debemos oponernos a la tendencia a la huida, caracterizada por "retirarse siempre sin avanzar jamás", y al mismo tiempo, a la temeridad desesperada, consistente en "avanzar siempre sin retirarse jamás".

93. Una de las características de la guerra de movimientos es su movilidad, que no sólo permite sino exige que un ejército de campaña avance o se retire a grandes zancadas. Pero eso no tiene nada de común con la huida tipo Jan Fu-ch. La exigencia básica de la guerra es destruir las fuerzas enemigas, y la otra exigencia es conservar las propias. La conservación de las fuerzas propias tiene por objetivo destruir las del enemigo, y la destrucción de éstas es, a su vez, el medio más eficaz de conservar las propias. Por consiguiente, la guerra de movimientos jamás puede ser pretexto para gentes como Jan Fu-ch.; nunca significará moverse sólo hacia

atrás y jamás hacia adelante, pues esta clase de "movimiento", que niega el carácter ofensivo, carácter básico de la guerra de movimientos, en la práctica haría que China "se moviera" hasta desaparecer, por muy vasto que sea su territorio.

94. Pero también es incorrecto el otro punto de vista, que llamamos temeridad desesperada y que se caracteriza por avanzar siempre sin retirarse jamás. Abogamos por la guerra de movimientos, consistente en campañas y combates ofensivos de decisión rápida en líneas exteriores. Este tipo de guerra comprende la guerra de posiciones, que desempeña un papel auxiliar, y también la "defensa móvil" y la retirada, sin las cuales la guerra de movimientos no puede ser realizada a plenitud. La temeridad desesperada es miopía militar, nacida a menudo del temor a perder territorio. Quien actúa con temeridad desesperada no sabe que uno de los rasgos característicos de la guerra de movimientos es la movilidad, que no sólo permite sino exige que un ejército de campaña avance o retroceda a grandes zancadas. En el aspecto positivo; a fin de arrastrar al enemigo a una lucha desfavorable para él y favorable para nosotros, suele ser necesario que éste se encuentre en movimiento y que contemos con una serie de ventajas, tales como terreno favorable, vulnerabilidad del enemigo, población local que pueda impedir la filtración de informaciones, fatiga y desprevención del adversario, etc. Esto exige que el enemigo avance y que nosotros no reparemos en la pérdida temporal de una parte de nuestro territorio, pues esa pérdida temporal es el precio que se paga por la conservación permanente de todo el territorio y la recuperación del territorio perdido. En el aspecto negativo, cada vez que nos vemos empujados a una posición desfavorable que pone seriamente en peligro la conservación de nuestras fuerzas, debemos tener el valor de retroceder a fin de conservarla y volver a golpear al

enemigo cuando se presenten nuevas oportunidades. Los que abogan por acciones temerarias y desesperadas ignoran este principio y disputan una ciudad o un trozo de terreno incluso cuando la situación es obvia y definitivamente desfavorable, y como resultado, no sólo pierden el territorio o la ciudad, sino que tampoco pueden conservar sus fuerzas. Siempre hemos preconizado la política de "atraer al enemigo para que penetre profundamente", porque ésta es precisamente la política militar más eficaz que puede emplear un ejército débil, estratégicamente a la defensiva, contra uno fuerte.

95. Entre las formas de operaciones militares en la Guerra de Resistencia contra el Japón, la guerra de movimientos ocupa el primer lugar y la guerra de guerrillas, el segundo. Cuando decimos que en todo el conflicto bélico la guerra de movimientos es lo principal y la de guerrillas lo auxiliar, queremos decir que el desenlace de la guerra depende, en lo esencial, de la guerra regular, especialmente en su forma de guerra de movimientos, y que la guerra de guerrillas no puede asumir la responsabilidad principal de decidirlo. Sin embargo, esto no significa que la guerra de guerrillas no desempeñe un papel estratégico importante en la Guerra de Resistencia. Su papel estratégico en la Guerra de Resistencia tomada en su conjunto es inferior sólo al de la guerra de movimientos, pues sin su ayuda es imposible derrotar al enemigo. Al decir esto, tenemos ya en cuenta la tarea estratégica de desarrollar la guerra de guerrillas hasta convertirla en guerra de movimientos. En el curso del largo y cruel conflicto bélico, la guerra de guerrillas no permanecerá invariable, sino que alcanzará un nivel superior, transformándose en guerra de movimientos. De este modo, su papel estratégico es doble: apoyar la guerra regular y transformarse ella misma en guerra regular. Mucho menos puede subestimarse el papel estratégico de

la guerra de guerrillas en la Guerra de Resistencia de China contra el Japón si se tiene en cuenta su extensión y duración sin precedentes. Por consiguiente, en China la guerra de guerrillas no sólo plantea problemas tácticos, sino también problemas estratégicos específicos. Esto lo he analizado ya en "Problemas estratégicos de la guerra de guerrillas contra el Japón". Como se ha señalado anteriormente, las formas de operaciones militares en las tres etapas estratégicas de la Guerra de Resistencia contra el Japón son las siguientes: En la primera etapa, la guerra de movimientos es la forma principal, en tanto que la de guerrillas y la de posiciones son auxiliares. En la segunda, la guerra de guerrillas pasará a ocupar el primer lugar y será complementada por la de movimientos y la de posiciones. En la tercera, la guerra de movimientos volverá a ser la forma principal y será complementada por la de posiciones y la de guerrillas. Pero la guerra de movimientos en la tercera etapa no será efectuada exclusivamente por las fuerzas regulares iniciales; una parte de ella, probablemente de bastante importancia, será realizada por las antiguas fuerzas guerrilleras, que para entonces habrán pasado de la guerra de guerrillas a la de movimientos. Consideradas las tres etapas de la Guerra de Resistencia de China contra el Japón, la guerra de guerrillas es ciertamente indispensable, y está llamada a representar un drama grandioso sin paralelo en la historia de las guerras de la humanidad. Por tal razón, es absolutamente necesario tomar, de entre los millones de hombres de las tropas regulares de China, por lo menos algunos centenares de miles de combatientes y dispersarlos por todas las zonas que el enemigo ocupa, para que movilicen y organicen fuerzas armadas populares y, junto con ellas, emprendan una guerra de guerrillas. Las fuerzas regulares designadas para ello deben tomar sobre sí conscientemente esta sagrada misión, y no pensar que han sido rebajadas porque participen en un número menor de grandes batallas y no puedan aparecer por el momento como héroes nacionales. Tales ideas son erróneas. La guerra de guerrillas no produce resultados tan rápidos ni da tanto renombre como la guerra regular, pero igual que "en el viaje largo se conoce la fuerza del caballo, y en la larga prueba, el corazón del hombre", en el curso de esta guerra larga y cruenta, la guerra de guerrillas demostrará su inmenso poderío; no es, en verdad, una empresa ordinaria. Además, un ejército regular puede, dispersando sus fuerzas, realizar la guerra de guerrillas, y concentrándolas, la guerra de movimientos; así lo ha venido haciendo el VIII Ejército, cuya línea estratégica es: "Tomar la guerra de guerrillas como lo fundamental, pero no perder oportunidad alguna para realizar la guerra de movimientos cuando las condiciones sean favorables." Esta línea es perfectamente correcta, en tanto que las opiniones opuestas son erróneas.

96. Dadas sus actuales condiciones técnicas, China no puede, en general, practicar una guerra de posiciones, sea defensiva u ofensiva, y es ahí donde se manifiesta nuestra debilidad. Más aún, el enemigo también puede explotar la vastedad de nuestro territorio para esquivar nuestras posiciones fortificadas. De ahí que la guerra de posiciones no pueda emplearse como un medio importante y, menos aún, como el principal. Pero en la primera y segunda etapas de la guerra, es posible y necesario, dentro de los límites de la guerra de movimientos, recurrir en el plano local a la guerra de posiciones, como medio auxiliar en las campañas. La "defensa móvil", con carácter de semiposiciones, encaminada a resistir al enemigo escalonadamente para desgastar sus fuerzas y ganar tiempo, constituye con mayor motivo una parte indispensable de la guerra de movimientos. China debe hacer todo lo posible para aumentar el número de armas modernas, de modo que esté plenamente en condiciones de efectuar ataques contra las posiciones enemigas en

la etapa de contraofensiva estratégica. En esta etapa. La guerra de posiciones tendrá sin duda mayor importancia, pues entonces el enemigo se aferrará a sus posiciones, y a menos que lancemos contra ellas potentes ataques para apoyar la guerra de movimientos, no podremos alcanzar nuestro objetivo de recuperar el territorio perdido. No obstante, en la tercera etapa, también debemos esforzarnos por hacer de la guerra de movimientos la forma principal. Pues en una guerra de posiciones como la que se dio en Europa occidental en la segunda mitad de la Primera Guerra Mundial, el arte de dirigir la guerra y el papel activo del hombre quedan en gran medida anulados. Por lo tanto, en las condiciones de China, que cuenta con vastas extensiones para desarrollar la guerra y que permanecerá, durante un tiempo bastante largo, pobremente equipada desde el punto de vista técnico, resulta natural "sacar la guerra de las trincheras". Incluso en la tercera etapa, si bien China estará en mejores condiciones técnicas, difícilmente podrá superar a su enemigo en ese sentido, y por eso, se verá obligada todavía a esforzarse por desplegar una guerra de movimientos de gran movilidad, sin la cual no podrá alcanzar la victoria final. Así, en ninguna de las etapas de la Guerra de Resistencia contra el Japón; China adoptará la guerra de posiciones como la forma principal; las formas principales o importantes son la guerra de movimientos y la de guerrillas. Estas formas de guerra permitirán desarrollar plenamente *el* arte de dirigir la guerra y el papel activo del hombre, lo que será una dicha en medio de nuestro infortunio.

Capítulo 17

GUERRA DE DESGASTE Y GUERRA DE ANIQUILAMIENTO

97. Como hemos dicho antes, la esencia de la guerra, su objetivo, consiste en conservar las fuerzas propias y destruir las del enemigo.

Para alcanzar este objetivo existen tres formas de guerra: guerra de movimientos, de posiciones y de guerrillas. Como estas formas no dan los mismos resultados generalmente se hace distinción entre guerra de desgaste y guerra de aniquilamiento.

98. Para empezar, podemos afirmar que la Guerra de Resistencia contra el Japón es a la vez guerra de desgaste y de aniquilamiento. ¿Por qué? Porque la fortaleza del enemigo sigue operando, y subsisten su superioridad e iniciativa estratégicas; por lo tanto, no podremos debilitarlo eficaz y rápidamente, ni acabar con su superioridad e iniciativa, a menos que realicemos campañas y combates de aniquilamiento. Nosotros seguimos siendo débiles y todavía no hemos salido de la inferioridad y pasividad estratégicas; por eso, sin campañas y combates de aniquilamiento no podremos ganar tiempo para mejorar nuestras condiciones internas e internacionales y modificar nuestra posición desfavorable. Así, las campañas de aniquilamiento son el medio para lograr el objetivo de desgaste estratégico. En este sentido, la guerra de aniquilamiento es una guerra de desgaste. Para poder sostener una guerra prolongada

el método principal que emplea China es desgastar al enemigo aniquilando sus fuerzas.

99. Pero el objetivo de desgaste estratégico puede alcanzarse también a través de campañas de desgaste. En términos generales, la guerra de movimientos cumple la tarea de aniquilamiento, la guerra de posiciones, la de desgaste, y la guerra de guerrillas, ambas tareas al mismo tiempo; así, las tres formas de guerra se diferencian entre sí. En este sentido, la guerra de aniquilamiento es diferente a la de desgaste. Las campañas de desgaste son auxiliares, pero también necesarias para la guerra prolongada.

100.   Tanto desde el punto de vista de la teoría, como del de la necesidad práctica, China para lograr el objetivo estratégico de desgastar en gran medida las fuerzas del enemigo, debe explotar, en la etapa de defensiva, no sólo la función de aniquilamiento que desempeña primordialmente la guerra de movimientos y parcialmente la de guerrillas, sino también, en forma complementaria, la función de desgaste que desempeña primordialmente la guerra de posiciones y parcialmente la de guerrillas. En la etapa de equilibrio, debemos continuar aprovechando las funciones de aniquilamiento y desgaste que cumplen la guerra de guerrillas y la de movimientos, para seguir desgastando considerablemente las fuerzas enemigas. Todo ello está destinado a prolongar la guerra cambiar gradualmente la correlación de fuerzas y preparar las condiciones para nuestra contraofensiva. Durante la contraofensiva estratégica, debemos continuar desgastando al enemigo mediante el aniquilamiento, para expulsarlo definitivamente del país.

101.	Pero, en realidad, lo ocurrido en los últimos diez meses fue que muchas e incluso la mayoría de las campañas de guerra de movimientos se convirtieron en campañas de guerra de desgaste, y que la guerra de guerrillas, en ciertas zonas, no cumplió debidamente su función de aniquilamiento. Lo positivo de esta situación consiste en que, de todas maneras, hemos desgastado las fuerzas enemigas, lo cual tiene importancia para la guerra prolongada y para la victoria final, de modo que no hemos derramado en vano nuestra sangre. Pero lo negativo es que, primero, no hemos desgastado suficientemente al enemigo, y segundo, nuestras pérdidas han sido más bien grandes y lo capturado más bien escaso. Desde luego, hay que reconocer la causa objetiva de esta situación, o sea, la disparidad entre el enemigo y nosotros en cuanto a condiciones técnicas y adiestramiento de las tropas; pero, de cualquier modo, es necesario teórica y prácticamente instar a nuestras tropas regulares a que den batallas de aniquilamiento cada vez que las circunstancias sean favorables. En cuanto a las guerrillas, aunque tienen que librar batallas de simple desgaste al cumplir muchas tareas concretas como el sabotaje y el hostigamiento, es necesario que promuevan y lleven a cabo con vigor campañas y combates de aniquilamiento siempre que las circunstancias sean favorables, a fin de desgastar en gran medida las fuerzas del enemigo y, a la vez, reforzar considerablemente las nuestras.

102.	Lo que llamamos "operaciones ofensivas", "decisión rápida" y "líneas exteriores" en la expresión "operaciones ofensivas de decisión rápida en líneas exteriores", igual que "movimiento" en la expresión "guerra de movimientos", se refiere principalmente, en cuanto a la forma de operaciones, al empleo de la táctica de cerco y de movimientos envolventes; de ahí la necesidad de concentrar fuerzas superiores. La concentración de las fuerzas y el empleo de la táctica de cerco y de movimientos envolventes son, por lo tanto, los requisitos indispensables para realizar la guerra de movimientos, esto es, las operaciones ofensivas de decisión rápida en líneas exteriores. Y todo ello está destinado a aniquilar al enemigo.

103.	La ventaja del ejército japonés no reside sólo en su armamento, sino también en el adiestramiento de sus oficiales y soldados: grado de organización, confianza en sí mismos derivada del hecho de no haber sido jamás derrotados, creencia supersticiosa en el Mikado y en seres sobrenaturales, arrogancia, desprecio por los chinos y otras características semejantes. Todo esto es resultado de largos años de adoctrinamiento de las tropas en el espíritu samurai por los militaristas japoneses, y de las costumbres nacionales del Japón. Esta es la razón principal por la cual hemos hecho muy pocos prisioneros, aunque hemos dado muerte o herido a gran número de soldados enemigos. Este es un punto que mucha gente ha subestimado en el pasado. Hace falta un largo proceso para eliminar estas características del enemigo: Ante todo, debemos prestar seria atención al problema y luego, trabajar para este fin paciente y sistemáticamente en el terreno político, en la propaganda para el extranjero y en relación al movimiento popular del Japón. Otro método para lograr este objetivo es, en lo militar, la guerra de aniquilamiento. En estas características del enemigo los pesimistas pueden encontrar una base para la teoría de la subyugación nacional, y los militares de mentalidad pasiva, una base para oponerse a la guerra de aniquilamiento. Nosotros, por el contrario, sostenemos que esos puntos fuertes del ejército japonés pueden ser destruidos, y ya han empezado a serlo. El método principal para destruirlos es ganarnos políticamente a los soldados japoneses. En lugar de herir su orgullo, debemos comprenderlo y canalizarlo en la dirección debida, y tratando con indulgencia a los prisioneros de guerra, hacer ver a los soldados japoneses el carácter antipopular de la política de agresión de los gobernantes del Japón. Por otra parte, debemos demostrar a los soldados japoneses el indomable espíritu y la heroica y tenaz capacidad combativa del ejército y el pueblo chinos, golpeándolos en batallas de aniquilamiento. Nuestra experiencia en los últimos diez meses de operaciones militares demuestra que es posible aniquilar las fuerzas enemigas; testimonio palmario de ello son las campañas de Pingsingkuan y de Taierchuang. La moral del ejército japonés ha comenzado a vacilar; sus soldados no entienden el objetivo de la guerra, se hallan rodeados por las tropas y el pueblo de China, y manifiestan en los asaltos mucho menos valor que los soldados chinos. Todos éstos son; entre otros, factores objetivos favorables a nuestras batallas de aniquilamiento, los que se desarrollarán cada día a medida que se prolongue la guerra. Al abatir la arrogancia del ejército enemigo, las operaciones de aniquilamiento constituyen una de las condiciones que permiten abreviar la duración de la guerra y acelerar la emancipación de los soldados y el pueblo japoneses. Los gatos traban amistad solamente con los gatos, y jamás con los ratones.

104.   Por otra parte, hay que admitir que por ahora somos inferiores al enemigo en condiciones técnicas y adiestramiento militar. Por eso, en muchas operaciones, sobre todo en las llanuras, es difícil lograr la máxima eficacia de aniquilamiento, como la captura del total o de la mayor parte de las fuerzas enemigas. Son equivocadas las exigencias desmedidas que en este sentido hacen los partidarios de la teoría de la victoria rápida. La exigencia correcta en la Guerra de Resistencia debe ser: dar batallas de aniquilamiento siempre que sea posible. En todas las circunstancias favorables, debemos concentrar fuerzas superiores en cada batalla y emplear la

táctica de cerco y de movimientos envolventes — cercar una parte, si no es posible el total, de las fuerzas enemigas, capturar una parte, si no se puede el total, de las fuerzas cercadas, y si esto tampoco es posible, causar fuertes pérdidas a las fuerzas cercadas —; en todas las circunstancias desfavorables para las operaciones de aniquilamiento, debemos efectuar batallas de desgaste. En el primer caso, hay que aplicar el principio de concentrar las fuerzas, y en el segundo, el de dispersarlas. En cuanto a las relaciones de mando en una campaña, se debe aplicar, en el primer caso, el principio de la centralización del mando, y en el segundo, el de la descentralización. Estos son los principios básicos para las operaciones en el tiempo de batalla de la Guerra de Resistencia contra el Japón.

Capítulo 18

POSIBILIDADES DE EXPLOTAR LOS ERRORES DEL ENEMIGO

105. En el mismo mando enemigo puede encontrarse también una base para nuestra victoria. La historia no ha conocido jamás un general infalible, y así como nosotros mismos difícilmente podemos evitar los errores, el enemigo también los comete; por eso existe la posibilidad de explotarlos. En lo que respecta a la estrategia y a las campañas, el enemigo ha cometido muchos errores en los diez meses de su guerra de agresión. Entre ellos, hay cinco de importancia.

En primer lugar, el aumento paulatino de sus fuerzas. Esto se debe a que subestima a China, y también a que no posee suficientes tropas. El enemigo siempre nos ha menospreciado. Después de apoderarse con poco esfuerzo de las cuatro provincias del Nordeste, ocupó el Este de Jopei y el Norte de Chajar. Todo esto lo hizo a modo de reconocimiento estratégico. La conclusión que extrajo fue que la nación china era un montón de arena suelta. De este modo, pensando que

China se derrumbada de un solo golpe, elaboró un plan de "decisión rápida", y con una fuerza muy pequeña trató de hacernos huir despavoridos. No esperaba encontrarse con una unidad tan grande ni un poder de resistencia tan inmenso como los que China ha demostrado en los últimos diez meses, pues no tuvo presente que

China se encuentra ya en una época de progreso y cuenta con un partido político, un ejército y un pueblo avanzados. Como sufría reveses, comenzó a aumentar poco a poco sus fuerzas, desde algo más de diez divisiones hasta treinta. Si quiere continuar su avance, tendrá que aumentarlas más aún. Pero, debido a su antagonismo con la Unión Soviética, así como a la escasez de recursos humanos y financieros que le es inherente, existe inevitablemente un límite para el número máximo de hombres que puede lanzar al combate y para el alcance máximo de su ofensiva. En segundo lugar, la falta de una dirección principal de ataque. Antes de la campaña de Taierchuang, el enemigo tenía divididas sus fuerzas más o menos por igual entre el Centro y el Norte de China. Esta división de fuerzas también se observaba en cada una de dichas zonas. En el Norte de China, por ejemplo, repartió sus fuerzas en forma pareja entre las tres líneas férreas Tientsín-Pukou, Peiping-Jankou y Tatung-Puchou, y así, después de sufrir ciertas bajas a lo largo de cada una de estas líneas y dejar algunas guarniciones en los lugares ocupados, no le quedaron fuerzas suficientes para nuevos avances. Luego de la derrota en Taierchuang, el enemigo resumió las lecciones aprendidas, concentró el grueso de sus fuerzas en la dirección de Șchou y corrigió así temporalmente este error. En tercer lugar, la ausencia de coordinación estratégica. En general, había coordinación dentro de cada uno de los dos grupos de fuerzas enemigas en el Centro y el Norte de China, pero existía una notoria falta de coordinación entre ambos. Mientras sus fuerzas del sector sur del ferrocarril Tientsín-Pukou atacaban Siaopengpu, las del sector norte permanecieron inmóviles, y mientras éstas atacaban Taierchuang, aquéllas no actuaron. Tras los reveses del enemigo en ambos lugares, llegó en gira de inspección el ministro de la Guerra del Japón, y el jefe del Estado Mayor General acudió a asumir el mando; por el momento se ha establecido, al parecer, cierta coordinación. La clase terrateniente, la burguesía y los militaristas del Japón tienen serias contradicciones, tanto internas como entre sí, que se están agravando, y la ausencia de coordinación militar es una de las manifestaciones concretas de este hecho. En cuarto lugar, el desaprovechamiento de oportunidades estratégicas. Esto se manifestó con claridad en la detención del enemigo después de la ocupación de Nankín y Taiyuán, error que se debió esencialmente a su escasez de tropas y a su consiguiente falta de fuerzas para la persecución estratégica.

En quinto lugar, el cerco de muchas fuerzas pero aniquilamiento de pocas. Antes de la campaña de Taierchuang en las campañas de Shanghai, Nankín, Tsangchou, Paoting, Nankou, Sinkou y Linfen, fueron derrotadas muchas tropas chinas, pero se hicieron pocos prisioneros, lo que demuestra la estupidez del mando enemigo.

Estos cinco errores — aumento paulatino de sus fuerzas, falta de una dirección principal de ataque, ausencia de coordinación estratégica, desaprovechamiento de oportunidades y cerco de muchas fuerzas pero aniquilamiento de pocas — señalan la incompetencia del mando japonés antes de la campaña de Taierchuang. Si bien desde entonces el enemigo ha hecho algunas rectificaciones, le será imposible evitar la repetición de sus errores a juzgar por su escasez de tropas sus contradicciones internas y otros factores similares.

Más aún, lo que gana en un punto, lo pierde en otro. Por ejemplo, cuando concentró sus fuerzas del Norte de China en S¸chou, dejó grandes claros en el territorio ocupado del Norte, lo que nos dio la oportunidad de desarrollar ampliamente la guerra de guerrillas. Estos fueron errores cometidos por el enemigo mismo, y no inducidos por nosotros. Por nuestra parte, podemos hacer deliberadamente que el enemigo cometa errores, es decir, desorientarlo y atraerlo adonde nos convenga por medio de acciones inteligentes y eficaces al amparo de una población local bien organizada, por ejemplo, "amagar en el Este pero atacar por el Oeste". Esta posibilidad ya ha sido analizada anteriormente. Todo ello indica que en el mando enemigo también podemos encontrar una base para nuestra victoria. Por supuesto, no debemos considerar esta posibilidad como una base importante para nuestros planes estratégicos; por el contrario, es más seguro fundar nuestros planes en el supuesto de que el enemigo cometerá pocos errores. Además, al igual que nosotros explotamos los errores del enemigo, éste puede explotar los nuestros, por lo cual, es deber de nuestro mando dejarle el mínimo de oportunidades para hacerlo. Sin embargo, como de hecho el mando enemigo ha cometido errores, los cometerá nuevamente en el futuro y puede ser inducido a cometerlos mediante nuestros esfuerzos, siempre habrá errores que explotar. Nuestros generales en la Guerra de Resistencia deben hacer todo lo posible para aprovecharlos. Aunque el mando estratégico y de campañas del enemigo es incompetente en muchos aspectos, existen no pocos puntos excelentes en su mando de combates, esto es, en su táctica de combate de unidades y pequeñas agrupaciones; en este aspecto debemos aprender de él.

Capítulo 19

BATALLAS DECISIVAS EN LA GUERRA DE RESISTENCIA CONTRA EL JAPÓN

106.   El problema de las batallas decisivas en la Guerra de Resistencia contra el Japón debe ser tratado en tres formas diferentes: buscar resueltamente una acción decisiva en toda campaña o combate en que estemos seguros de la victoria; evitar una acción decisiva en toda campaña o combate en que la victoria sea incierta, y eludir de manera absoluta toda batalla estratégicamente decisiva en la cual esté en juego el destino de la nación. Las características que distinguen a la Guerra de Resistencia contra el Japón de muchas otras guerras, se revelan también en este problema de las batallas decisivas. En la primera y segunda etapas de la guerra, cuando el enemigo es fuerte y nosotros débiles, el propósito del adversario es hacer que concentremos el grueso de nuestras fuerzas para una batalla decisiva. Nosotros buscamos justamente lo contrario: elegir condiciones favorables, concentrar fuerzas superiores y entablar campañas o combates decisivos sólo cuando estemos seguros de la victoria, como en la campaña de Pingsingkuan la de Taierchuang y otras muchas, y evitar batallas decisivas en condiciones desfavorables, cuando no tengamos seguridad de la victoria, política ésta que adoptamos en la campaña de Changte y otras. En cuanto a una batalla estratégicamente decisiva en que esté en juego el destino de la nación, simplemente

no la emprenderemos, ejemplo de lo cual es nuestra reciente retirada de S¸chou. Así frustramos el plan del enemigo para una "decisión rápida", y éste se verá obligado a sostener una guerra prolongada. Tales principios son impracticables en un país con un territorio pequeño y difíciles de practicar en un país políticamente muy atrasado. Son practicables en China, que es un país grande y se encuentra en una época de progreso. Si evitamos las batallas estratégicamente decisivas, perderemos con ello parte de nuestro territorio, pero conservaremos todavía un gran espacio para maniobrar, y como "mientras haya montes verdes, no hay que inquietarse por la leña", aún podremos impulsar y esperar el progreso dentro del país, el crecimiento del apoyo internacional y la desintegración interna del enemigo. Esta es la mejor política para nuestra Guerra de Resistencia contra el Japón. Los impetuosos partidarios de la teoría de la victoria rápida, incapaces de soportar el penoso camino de una guerra prolongada y ansiosos de un triunfo rápido, claman por batallas estratégicamente decisivas en cuanto la situación se torna ligeramente favorable. Si hiciéramos lo que preconizan, la causa de la Guerra de Resistencia sería gravemente perjudicada, se frustraría la guerra prolongada y caeríamos en la pérfida trampa del enemigo. Esta sería en realidad la peor política. No cabe duda de que, para evitar batallas decisivas, nos veremos obligados a abandonar territorio, y debemos tener el valor de hacerlo cuando (y solamente cuando) sea absolutamente inevitable. En esos momentos no debemos sentir el menor pesar, pues esta política de trocar espacio por tiempo es correcta. La historia nos enseña cómo Rusia efectuó una valiente retirada para evitar una batalla decisiva, y luego derrotó a Napoleón, el terror de su época. Ahora China debe hacer lo mismo.

107.	¿No tememos que nos acusen de "no resistencia"? No, no lo tememos. No combatir en absoluto, sino llegar a un compromiso con el enemigo, eso es la no resistencia, lo cual no sólo debe ser denunciado sino también resueltamente impedido. Sostenemos con decisión la Guerra de Resistencia, pero, para evitar la pérfida trampa del enemigo e impedir que el grueso de nuestras fuerzas sea aniquilado de un golpe, lo que haría imposible la prosecución de la Guerra de Resistencia, en una palabra, para evitar la subyugación nacional la política anteriormente definida es de todo punto imprescindible. Las dudas a este respecto reflejan miopía en el problema de la guerra y, en fin de cuentas, conducen forzosamente al campo de los partidarios de la teoría de la subyugación nacional. Hemos criticado la temeridad desesperada de "avanzar siempre sin retirarse jamás", precisamente porque si esta teoría se generalizase, correríamos el peligro de no poder continuar la Guerra de Resistencia y de ser llevados finalmente a la subyugación.

108.	Somos partidarios de toda batalla decisiva en circunstancias favorables, trátese de combates o de campañas grandes o pequeñas, y no hay que tolerar pasividad alguna en este sentido. Sólo con tales batallas decisivas podremos aniquilar o desgastar las fuerzas enemigas, y cada militar en la Guerra de Resistencia debe contribuir a ello resueltamente. Esto exige considerables sacrificios parciales; evitar todo sacrificio es la actitud de los cobardes y de los enfermos de terror al Japón actitud que debe ser enérgicamente combatida. La ejecución de Li Fu-ying, Jan Fu-ch¸ y otros desertores está justificada. Con una correcta planificación de las operaciones militares, es absolutamente indispensable estimular el espíritu y la práctica del sacrificio personal heroico y del avance intrépido en los combates, sin lo cual es imposible la guerra prolongada y la victoria final. Hemos condenado con severidad la tendencia a la huida, a "retirarse siempre sin avanzar jamás", y estamos por la rigurosa aplicación de la disciplina, precisamente porque sólo mediante heroicas batallas decisivas, dadas según un plan correcto podremos vencer al poderoso enemigo. La tendencia a la huida, por el contrario, proporciona apoyo directo a la teoría de la subyugación nacional.

109.	¿No hay contradicción entre combatir heroicamente primero y abandonar luego el territorio? ¿No se derramará en vano la sangre de nuestros heroicos combatientes? Esta es una manera desatinada de formular las preguntas. Comer y luego evacuar, ¿no es esto comer en vano? Dormir y luego levantarse, ¿no es esto dormir en vano? ¿Pueden formularse así las preguntas? Creo que no. Ya que se come, comamos sin cesar: ya que se duerme, durmamos sin parar; ya que se combate valientemente, combatamos sin detenernos hasta el río Yalu: éstas son ilusiones nacidas del subjetivismo y del formalismo, y no realidades de la vida. Como todos saben, aunque al combatir y derramar nuestra sangre para ganar tiempo y preparar la contraofensiva hemos tenido que abandonar algún territorio, en verdad hemos ganado tiempo, logrado aniquilar y desgastar al enemigo, adquirido experiencia de combate, despertado al pueblo hasta entonces inactivo y elevado nuestra posición internacional. ¿Se ha derramado nuestra sangre en vano? De ninguna manera. Se ha abandonado territorio para conservar nuestras fuerzas militares y también, precisamente, para conservar nuestro territorio, porque si, en lugar de abandonar una parte en circunstancias desfavorables, diésemos a ciegas batallas decisivas sin la menor seguridad de ganarlas, perderíamos nuestras fuerzas militares y luego, inevitablemente, todo nuestro territorio, y no hablemos siquiera de recuperar el ya perdido. Un capitalista necesita capital para manejar su negocio, y si se arruina, deja de ser capitalista. Un jugador también necesita dinero para apostar, pero si lo arriesga todo en una sola jugada y la suerte le falla, no podrá seguir jugando. Los acontecimientos tienen sus vueltas y revueltas y no siguen una línea recta; lo mismo sucede con la guerra. Sólo los formalistas no comprenden esta verdad.

110.	Creo que esto es igualmente válido para las batallas decisivas en la etapa de contraofensiva estratégica. Aunque para entonces el enemigo se encontrará en una situación inferior y nosotros en una superior, todavía será aplicable el principio de "entablar batallas decisivas en condiciones favorables y evitarlas en condiciones desfavorables", y lo seguirá siendo hasta que lleguemos combatiendo al río Yalu. De esta manera podremos mantener siempre la iniciativa. Todos los "desafíos" del enemigo y "pinchazos" de otras personas debemos apartarlos imperturbablemente y no hacer caso de ellos. En la Guerra de Resistencia contra el Japón, sólo un jefe con tal firmeza puede ser considerado bravo e inteligente. No puede decirse lo mismo de quienes "saltan en cuanto los tocan". Y aunque en la primera etapa nos encontramos estratégicamente en una posición hasta cierto punto pasiva, debemos ganar la iniciativa en todas las campañas, y conservarla en las etapas posteriores. Somos partidarios de la guerra prolongada y la victoria definitiva; no somos como los jugadores que lo arriesgan todo en una sola jugada.

Capítulo 20

EJERCITO Y PUEBLO, BASE DE LA VICTORIA

111.   El imperialismo japonés no aflojará jamás en su ofensiva y represión frente a la China revolucionaria; esto está determinado por su naturaleza imperialista. Si China no resistiera, el Japón se apoderaría fácilmente de toda ella, sin disparar un solo tiro. Prueba de ello es la pérdida de las cuatro provincias del Nordeste. Como China resiste, el Japón reprime esa resistencia, y no dejará de hacerlo hasta que su represión sea superada por la resistencia de China. Esta es una ley inexorable. La clase terrateniente y la burguesía del Japón tienen grandes ambiciones y, con el fin de atacar, hacia el Sur, el Archipiélago Malayo y hacia el Norte, Siberia, han adoptado la política de ruptura en el centro atacando primero a China. Quienes piensan que el Japón se conformará con la ocupación del Norte de China y las provincias de Chiangsú y Chechiang, deteniéndose ahí, no ven en absoluto que el Japón imperialista que ha pasado a una nueva etapa de su desarrollo y está al borde de la muerte, es distinto al Japón del pasado. Cuando decimos que existe un límite para la cantidad de hombres que el Japón puede lanzar al combate y para el alcance de su ofensiva, nos referimos a que, con las fuerzas de que dispone, el Japón sólo puede emplear una cantidad determinada de sus tropas contra China y penetrar en ella hasta donde lo permita su capacidad, pues aún se propone atacar en otras direcciones y tiene que defenderse de otros enemigos. Al mismo tiempo, China ha dado

pruebas de progreso y de capacidad para una tenaz resistencia, pues sería inconcebible que existieran sólo feroces ataques del Japón sin que China poseyese la necesaria capacidad de resistencia. El Japón no podrá ocupar toda China, pero en todas las zonas a las que pueda llegar, no escatimará esfuerzos para reprimir la resistencia, y no dejará de reprimirla hasta que las condiciones internas y externas hagan al imperialismo japonés estrellarse con la crisis que ha de conducirlo a la tumba. Hay sólo dos salidas posibles para la situación política del Japón: o bien toda la clase gobernante se derrumba rápidamente, el Poder pasa a manos del pueblo y concluye así la guerra, lo cual es imposible por el momento; o bien la clase terrateniente y la burguesía se hunden cada vez más en el fascismo y prosiguen la guerra hasta su derrumbamiento final, que es precisamente el camino que el Japón recorre ahora. No puede haber otra salida. Los que alimentan la esperanza de que el sector moderado de la burguesía japonesa intervenga y ponga fin a la guerra, no hacen más que ilusionarse en vano. Desde hace muchos años, la realidad política del Japón es que el sector moderado de la burguesía se ha convertido en prisionero de los terratenientes y la oligarquía financiera. Ahora que el Japón ha iniciado la guerra contra China, mientras no sufra un golpe mortal de nuestra resistencia y tenga todavía poderío suficiente, atacará inevitablemente el Sudeste de Asia o Siberia, o incluso ambos puntos. Lo hará en cuanto estalle la guerra en Europa; los gobernantes del Japón han hecho sus alegres cálculos de manera muy ambiciosa. Por supuesto, existe la posibilidad de que, debido al poderío de la Unión Soviética y al serio debilitamiento del Japón en su guerra con China, éste tenga que abandonar su plan original de atacar Siberia y adoptar una actitud esencialmente defensiva con respecto a la Unión Soviética. Pero, en ese caso, lejos de aflojar en su ofensiva contra China, la intensificará, pues no le quedará otro camino que devorar al débil. Para entonces, se volverá aún más seria la tarea de China de perseverar en la Resistencia, en el frente único y en la guerra prolongada, y será todavía más necesario no cejar lo más mínimo en nuestros esfuerzos.

112.	En tales circunstancias, los requisitos principales para la victoria de China sobre el Japón son la unidad nacional, así como los progresos en todos los aspectos en una escala diez y hasta cien veces mayor que en el pasado. China se encuentra ya en una época de progreso y ha logrado una espléndida unidad, pero este progreso y esta unidad todavía están lejos de ser suficientes. Que el Japón haya ocupado una zona tan extensa se debe en parte a su fortaleza, pero también a nuestra debilidad; esta debilidad es por entero consecuencia de la acumulación de diversos errores históricos de los últimos cien años, y en especial de los diez últimos, que han restringido el progreso de China a su nivel actual. Ahora es imposible vencer a un enemigo tan fuerte sin hacer grandes esfuerzos durante largo tiempo. Debemos esforzarnos en muchos aspectos; aquí trataré sólo de los dos fundamentales: el progreso del ejército y el del pueblo.

113.	La reforma de nuestro sistema militar exige la modernización del ejército y el mejoramiento de sus condiciones técnicas, sin los cuales no podremos expulsar al enemigo al otro lado del río Yalu: En el empleo de las tropas necesitamos una estrategia y una táctica avanzadas y flexibles, sin las cuales tampoco podremos triunfar. Sin embargo los cimientos de un ejército son los soldados. Si no se inculca en el ejército un espíritu político progresista, si no se realiza, con este objetivo, un trabajo político progresista, será imposible alcanzar una auténtica unidad entre oficiales y soldados, despertar al máximo su entusiasmo por la Guerra de Resistencia y proveer una excelente base para poner en pleno juego la eficacia de nuestra técnica y nuestra táctica. Cuando afirmamos que el Japón será derrotado a la postre, a pesar de su superioridad técnica, tenemos en cuenta que los golpes que le asestamos por medio del aniquilamiento y el desgaste, además de ocasionarle pérdidas, sacudirán finalmente la moral de su ejército, la cual no está al nivel de su armamento. Entre nosotros, por el contrario, los oficiales y soldados tienen un mismo objetivo político en la Guerra de Resistencia contra el Japón. Esto nos proporciona la base para el trabajo político entre todas las tropas antijaponesas.

Es preciso practicar en un grado apropiado la democracia en el ejército. Lo principal es abolir la práctica feudal de castigos corporales e insultos, y hacer que oficiales y soldados compartan penas y alegrías en la vida cotidiana. Una vez que esto se consiga, se logrará la unidad entre oficiales y soldados, aumentará extraordinariamente la capacidad combativa del ejército, y no habrá motivo para inquietarse por nuestra capacidad para sostener esta larga y encarnizada guerra.

114.   El más rico manantial de fuerza para sostener la guerra está en las masas populares. El Japón se atreve a atropellarnos principalmente porque las masas populares de China no están organizadas. Cuando este defecto sea superado, el invasor japonés se verá rodeado por los centenares de millones de hombres de nuestro pueblo en pie, y como un búfalo salvaje metido en un cerco de fuego, se estremecerá de pavor a nuestras solas voces y terminará muriendo abrasado en las llamas. Por nuestra parte, las tropas deben contar con un ininterrumpido torrente de refuerzos. Hay que prohibir inmediatamente el reclutamiento forzoso y la compra de sustitutos, abusos que se perpetran ahora en los niveles inferiores, y practicar una amplia y entusiástica movilización política, con la cual

será fácil reclutar incluso a millones de hombres. Experimentamos ahora grandes dificultades financieras en la Guerra de Resistencia, pero una vez movilizadas las masas, las finanzas dejarán de ser un problema. ¿Cómo es posible que un país tan grande y populoso como China tenga que sufrir escasez de Fondos? El ejército debe fundirse con el pueblo, de suerte que éste vea en él su propio ejército. Un ejército así será invencible, y una potencia imperialista como el Japón no será para él un adversario de talla.

115.   Muchos atribuyen a métodos erróneos la falta de buenas relaciones entre oficiales y soldados, y entre ejército y pueblo; pero yo siempre les he dicho que la cuestión reside en la actitud fundamental (o el principio fundamental), que debe ser de respeto a los soldados y al pueblo. De esta actitud nacen la política, los métodos y las maneras apropiados. Si nos apartamos de esta actitud, la política, los métodos y las maneras serán inevitablemente erróneos, y no se lograrán en modo alguno buenas relaciones entre oficiales y soldados, ni entre ejército y pueblo. Los tres principios cardinales de nuestro trabajo político en el ejército son: primero, unidad entre oficiales y soldados; segundo, unidad entre ejército y pueblo, y tercero, desintegración de las fuerzas enemigas. Para aplicar eficazmente estos principios, hay que partir de la actitud fundamental de respeto a los soldados, al pueblo y a la dignidad humana de los prisioneros de guerra que hayan depuesto las armas. Quienes piensan que no se trata de una actitud fundamental, sino de una cuestión técnica, están muy equivocados y deben corregir su punto de vista.

116.   En estos momentos en que la defensa de Wuján y otros lugares se ha convertido en un problema urgente, es tarea de suma importancia despertar al máximo el entusiasmo de todo el ejército y

de todo el pueblo para apoyar la guerra. No cabe duda de que la tarea de defender Wuján y otros lugares debe ser seriamente planteada y realizada. Pero la cuestión de si podemos mantener con seguridad estos lugares no depende de nuestros deseos subjetivos, sino de las condiciones concretas. Entre estas condiciones, una de las más importantes es la movilización política de todo el ejército y de todo el pueblo para la lucha. Si no se realizan tenaces esfuerzos para lograr todas las condiciones necesarias, si falta una sola de ellas, inevitablemente se repetirán desastres como la pérdida de Nankín y otros lugares. ¿Dónde estará el Madrid chino? Estará allí donde se logren las mismas condiciones que en Madrid. Hasta ahora China no ha tenido ningún Madrid, y en adelante debemos esforzarnos por crear algunos, pero ello depende enteramente de las condiciones. Y la fundamental de ellas es la amplia movilización política del ejército y el pueblo enteros.

117.   En todo nuestro trabajo, debemos perseverar en la política general de frente único nacional antijaponés. Porque sólo con esta política podemos persistir en la Resistencia y en la guerra prolongada; lograr un mejoramiento general y profundo de las relaciones entre oficiales y soldados, y entre ejército y pueblo; despertar al máximo el entusiasmo del ejército y el pueblo enteros en la lucha por la defensa de todo el territorio que se mantiene aún en nuestro poder y por la recuperación del ya perdido, y lograr así la victoria final.

118.   El problema de la movilización política del ejército y del pueblo es realmente de la máxima importancia. Nos hemos detenido en él sin temor a repeticiones, precisamente porque sin esa movilización es imposible la victoria. Claro que existen muchas otras condiciones indispensables para el triunfo, pero la movilización

política es la fundamental. El e frente único nacional antijaponés es un frente de todo el ejército y todo el pueblo, y en modo alguno un frente exclusivo de las direcciones y los miembros de unos cuantos partidos políticos. Movilizar a todo el ejército y todo el pueblo para que participen en el frente único nacional antijaponés: he aquí nuestro propósito fundamental al iniciarlo.

Capítulo **21**

CONCLUSIONES

119. ¿Cuáles son nuestras conclusiones? Helas aquí:

"¿En qué condiciones puede China vencer y destruir las fuerzas del imperialismo japonés? Se necesitan tres condiciones: primera, la creación de un frente único antijaponés en China; segunda, la formación de un frente único antijaponés internacional; tercera, el ascenso del movimiento revolucionario del pueblo japonés y de los pueblos de las colonias japonesas. Para el pueblo chino, la más importante de las tres condiciones es su gran unidad."

"[...] ¿cuánto tiempo durará esta guerra? Eso dependerá de la fuerza del frente único antijaponés de China, y de cómo se desarrollen muchos otros factores decisivos para China y para el Japón. [...] Si estas condiciones no se hacen realidad con prontitud, la guerra se prolongará. Pero el resultado será el mismo: el Japón será derrotado y China vencerá, sólo que los sacrificios serán grandes, y habrá que pasar por un período muy doloroso."

"Nuestra línea estratégica debe ser la de emplear nuestras fuerzas principales en operaciones sobre frentes muy dilatados y variables. Para alcanzar la victoria, las tropas chinas deben sostener una guerra de movimientos de gran movilidad en vastos teatros de operaciones [...]"

"Además de emplear para la guerra de movimientos tropas adiestradas, debemos organizar gran cantidad de unidades guerrilleras entre los campesinos."

"En el curso de la guerra, China podrá […] reforzar gradualmente el armamento de sus tropas. Por eso, en las postrimerías de la guerra, podrá emprender una guerra de posiciones, atacando las posiciones enemigas en las zonas ocupadas. De este modo, la economía del Japón se derrumbará a consecuencia del prolongado desgaste causado por la Guerra de Resistencia de China, y sus tropas se desmoralizarán en el curso de innumerables batallas extenuativas. En cuanto a China, sus fuerzas latentes de resistencia brotarán con pujanza creciente y, en un inmenso torrente ininterrumpido, las masas populares revolucionarias marcharán al frente para combatir por la libertad. Todos estos factores, coordinados con otros, nos permitirán lanzar los ataques finales y decisivos contra las fortificaciones y bases del Japón en el territorio por él ocupado, y arrojar de China a sus tropas invasoras." (Entrevista con Edgar Snow en julio de 1936.)

"La situación política de China ha entrado así en una nueva etapa […] La tarea central de la actual etapa consiste en movilizar a todas las fuerzas para obtener la victoria de la Guerra de Resistencia."

"La clave para la victoria reside hoy en desarrollar la Guerra de Resistencia ya iniciada, convirtiéndola en una guerra de resistencia general de toda la nación. Sólo mediante una guerra
así, se podrá lograr la victoria final."

"Como en la actualidad todavía existen serias deficiencias en la Guerra de Resistencia, podrán presentarse en su curso futuro muchos descalabros, retrocesos, divisiones internas, traiciones, compromisos temporales y parciales y otras situaciones adversas. Por consiguiente, debemos tener en cuenta que ésta será una guerra dura y prolongada. Pero estamos convencidos de que, gracias a los esfuerzos de nuestro Partido y del pueblo entero, la Guerra de Resistencia ya iniciada barrerá todos los obstáculos para continuar su avance y desarrollo." ("Resolución del Comité Central del Partido

Comunista de China sobre la situación actual y las tareas del Partido",
adoptada en agosto de 1937.)

Estas son nuestras conclusiones. Los partidarios de la teoría de la subyugación nacional ven en el enemigo una fuerza sobrenatural, y en nosotros, los chinos, una brizna insignificante; en tanto que los partidarios de la teoría de la victoria rápida ven en nosotros, los chinos, una fuerza sobrenatural, y en el enemigo, una brizna. Ambos se equivocan. Nuestro punto de vista es diferente. La Guerra de Resistencia contra el Japón será una guerra prolongada, y la victoria final pertenecerá a China: ésta es nuestra conclusión.

120. Mis conferencias terminan aquí. La gran Guerra de Resistencia contra el Japón se está desarrollando, y muchos desearían que se hiciera un resumen de nuestra experiencia para facilitar el logro de una victoria total. Lo tratado por mí es sólo una exposición general de la experiencia de los diez meses pasados, y quizás pueda servir como una especie de resumen. El problema de la guerra prolongada merece amplia atención y discusión. Yo sólo he presentado un bosquejo, y espero que ustedes lo estudien y discutan, lo enmienden y amplíen.